LAÏCITÉ : L'EXPRESSION PUBLIQUE DE LA RELIGION

www.atffrance.com
ATF France est une empreinte de ATF (Australia) Ltd
PO Box 504
Hindmarsh, SA 5007
Australie
ABN 90 116 359 963
www.atfpress.com
nouveaux horizons

LAÏCITÉ : L'EXPRESSION PUBLIQUE DE LA RELIGION

Jean-Michel Cadiot
et
Pierre Whalon

2018

Avant-propos

L'Archevêque de Cantorbéry, Mgr Justin Welby, a reçu un doctorat *honoris causa* de l'Institut catholique de Paris, le 17 novembre 2016. Dans son discours d'acceptation, et dans un français parfait, il a lancé un mot provocateur pour la laïcité à la française :

> Here, in France, I would say—perhaps somewhat provocatively—that laïcité has served its purpose. Materialistic laïcité, which is not laïcité in its original form, is not capable of dealing with the challenges of religious groups with powerful, internally coherent, albeit evil narratives that challenge entirely understanding of what a righteous and good society looks like. The same is true of many other European states, and particularly the UK, without laïcité but full of secularism.[1]

> Ici, en France, je dirais—peut-être un peu provocateur—que la laïcité a atteint son but.[2] La laïcité matérialiste, qui n'est pas sa forme d'origine, est incapable de répondre aux défis de groupes religieux dont les discours sont puissants, cohérents, mais aussi malins, et qui mettent en miettes l'idée que l'on se fait d'une société juste et bonne. Ceci est aussi vrai dans plusieurs autres États européens, sans laïcité, mais pleins de sécularisme.

1. http://www.archbishopofcanterbury.org/articles.php/5809/archbishop-justin-welby-on-the-common-good-and-a-shared-vision-for-the-next-century
2. Puisqu'il traduisait en français à vive voix son texte anglais, Mgr Welby s'est permis quelques variations. Ici, il rajouta «Il faut la mettre au musée.» Un brin provocateur . . .

Nul besoin qu'un étranger de confession anglicane nous le fît remarquer : le débat le plus sensible, les clivages les plus profonds de la France d'aujourd'hui, remontent à la question religieuse, à l'expression de la foi dans la vie publique. C'est-à-dire à la laïcité.

Cette exception française est surgie de notre histoire. Sans en comprendre les origines, on ne peut saisir les motifs de la tourmente actuelle. Il y a aussi le fait que la laïcité est un pilier essentiel de notre démocratie, aujourd'hui menacée par un mépris grandissant parmi les Français. De plus en plus, la République est devenue pour beaucoup le symbole non d'un peuple qui sait se gouverner, mais le pantin d'élites, ou d'intérêts puissants, ou de forces occultes qui l'ont instrumentalisée pour leurs fins néfastes. D'où surgissent des courants politiques qui cherchent à l'utiliser pour remettre en place un certain nationalisme, ce qui ferait renaître la politique de Vichy de ses cendres ; ou alors qui cherchent à imposer une certaine idée de la sharia, pourtant sans rapport avec les premières années de l'islam dont ils se réclament. Ou encore, il y a ces partisans du combisme, cette idéologie qui préconise le refoulement du fait religieux au placard, où les pauvres gens qui en ont encore besoin peuvent s'abreuver, dans leur intimité, strictement close. Ce qui laisse la place à leur propre religion. . .

Or, les alternatives à notre République actuelle, nous les avons déjà expérimentées : la monarchie de droit divin, les empires bonapartistes, plusieurs ébauches de républiques, la dictature collaboratrice,

Les bains de sang que se sont offerts les Français pendant la Révolution, la Commune de Paris, l'Épuration, ne se sont pas taris définitivement pour autant. Les montées populistes qui ont donné naissance au Brexit, à la présidence américaine de Donald Trump, aux régimes d'extrême-droite qui trônent en Pologne, en Hongrie, en Croatie, dépendent d'une fine utilisation des médias occidentaux pour répandre à grande échelle leurs propagandes mensongères, leurs « faits alternatifs ». Imaginez ce qu'un Joseph Goebbels aurait pu faire de tels outils. En fait, son ombre plane toujours sur ses moult imitateurs du numérique.

Mais cette pratique ne se limite pas à la droite. Car la gauche s'en sert tout autant, ainsi que les mouvements islamistes. La propagande n'a pas de politique : elle est universelle, la distillation de la capacité humaine—seule parmi les animaux—de mentir. Comment expliquer autrement que la majorité des Égyptiens, par exemple, croient que la C.I.A a manigancé la chute des Tours jumelles ? Ou alors tous ces Américains qui ont avalé la couleuvre pourtant incroyable que la candidate démocrate Hillary Clinton était chef d'un réseau pédophile, qui cachait ses proies enfantines dans des tunnels dissimulés en-dessous d'une pizzeria de Washington ? Ridicule, certes, mais pourtant un certain monsieur a pénétré dans ce restaurant, armé d'une mitraillette, afin de libérer les pauvres petits détenus. Et encore, combien de Français ont cru que le nuage issu de la centrale de Tchernobyl s'était arrêté au Rhin ?

Cette pratique bien affûtée sème la zizanie dans les relations sociales concernant les religions, ce qui rend la conversation sur la laïcité, et son application, encore plus difficiles. Nul n'est épargné : les catholiques, les réformés, les juifs, les musulmans, les athées. Il n'est point besoin de répéter mille fois le Gros Mensonge tous les jours, simplement émettre quotidiennement des commentaires sceptiques et acerbes sur Facebook, Twitter, et leurs imitateurs. De quoi envenimer en permanence toute possibilité de dialogue, d'entente, ce qui est le but, bien sûr. La bonne vielle taupe[3] creuse encore et toujours sous les fondements de notre République. A quand l'écroulement ?

Nous écrivons pour élever la voix contre ce délabrement du tissu social de notre pays. Journaliste catholique et évêque anglican, notre amitié nous a été léguée par nos grands-parents et nos mères, forgée dans le haut fourneau de la Résistance qu'ils ont faite ensemble. À notre tour de défendre une certaine idée de la France, non pas la madone des fresques mais la garante de liberté, dont la première est la liberté de religion. Car sans la reconnaissance de la force du fait religieux dans la vie de chacun, nous ne pouvons pas nous gouverner. Nous ne pouvons pas nous hisser à la hauteur de l'idéal républicain, puisque se gouverner correctement, c'est aussi se connaître les uns les autres en tant que citoyens, libres, égaux, et solidaires. Autrement dit, sans faire ce travail essentiel d'éducation non pas scolaire mais sociale, nous ne sommes dignes que d'être menés du bout du nez par ces forces occultes, qui s'enrichissent sans produire quoique ce soit sinon les phantasmes de leurs machines à propagande bien huilées.

Or l'idéal républicain naît du fait religieux, et grandit sous la tutelle de la laïcité bien comprise, c'est-à-dire, l'expression publique de la religion.

---

3. « Tout bien considéré, la crise a pénétré en profondeur, telle une bonne vieille taupe. »
Karl Marx, Lettre à Engels, Londres, 2 février 1858.

Chapitre I
Qu'est-ce que la religion ? Et la laïcité ?

C'est un vaste sujet, car les religions, et la foi personnelle et intime qu'elles inspirent ou découragent, sont le propre de notre espèce. L'anthropologue Eric Gans[1] énonce les quatre aspects de l'humain que nous ne partageons avec aucune autre espèce : la créativité artistique, le langage symbolique, le mariage (pratiqué par toutes les sociétés), et ce qu'il appelle « le sens du sacré » (*the sense of the sacred*).[2] Il est évident que la religion touche sur chacune de ces quatre facettes. Donc elle est incontournable dans la vie d'une personne, une famille, une tribu, une nation, le monde, enfin, de l'être humain. Alors, qu'est-ce le sacré ?

Ce « sens du sacré » n'est pas forcément une intuition que la vie est dotée d'une signification ultime qui lui est communiquée par un être suprême, « que tous appellent Dieu ».[3] Il peut bien être le contraire. Et la foi d'un individu ne va pas de soi :

« On est contraint à la foi. Croire de force, tel est le résultat. Mais avoir foi ne suffit pas pour être tranquille. La foi a on ne sait quel bizarre besoin de forme. De là les religions. Rien n'est accablant comme une croyance sans contour. »[4]

Le théologien américano-allemand Paul Tillich définit la foi comme une croyance fondée sur une réponse personnelle et intime aux « préoccupations ultimes ». Celles-ci sont d'ordre métaphysique : la vie a-t-elle un sens, qui suis-je et pourquoi, que signifie la mort en

1. Pour son CV : http://anthropoetics.ucla.edu/gans/
2. *Advance in Anthropology*, 2016, 6, 11–24 http://www.scirp.org/journal/aa
3. Thomas d'Aquin, *Somme théologique*, Ia.I.2.3
4. Victor Hugo, *Les travailleurs de la mer*, vol. 2, p.111. Une citation fameuse.

général et la mienne en particulier, et ainsi de suite. La religion est une réponse d'une communauté à ces questions, et cette réponse—codifiée en rituels, pratiques sociales, liturgies, et peut-être des listes de doctrines—se communique à chaque membre de la communauté typiquement de parents aux enfants. Nul ne peut échapper à cette formation dans la culture de sa famille, clan, tribu, nation, car elle débute à la naissance. Évidemment, on peut rejeter la religion qui vient avec l'allaitement. (On pourrait dire qu'en certains cas, il faut la rejeter, mais c'est une autre question.)

Il est évident que cette formation religieuse peut très bien être un athéisme qui non seulement répudie les accoutrements de telle ou telle religion, mais possède ses propres doctrines, rituels, pratiques sociales. Donc l'athéisme, et son cousin l'agnosticisme, sont aussi des religions.[5]

Donc, chaque personne a une foi, une certaine croyance, soit-elle bien réfléchie ou presque inconsciente. En soi, elle est on ne peut plus intime, elle perce au fond de l'être, son caractère, sa personnalité. Mais en tant que croyance—car elle ne peut se targuer d'être une certitude—cette foi repose sur une estimation de probabilité, qu'elle est en fait vraie même si l'individu ou tous les fidèles ne peuvent la prouver. La foi est donc surtout une question, plutôt qu'une réponse.

République laïque, qui pratique la laïcité. Mais comment ?

La « liberté de conscience » est proclamée dans la Déclaration des droits de l'homme et du citoyen de 1789 ainsi : « Nul ne doit être inquiété pour ses opinions, même religieuses, pourvu que leur manifestation ne trouble pas l'ordre public établi par la Loi (Art. 10). » (Ce « même » est intrigant . . .) Dans la Constitution de 1793 (jamais appliquée) le « libre exercice de culte » est un droit (Art. 7). Le Préambule de la Constitution de 1946 évoque les droits « inaliénables et sacrés » de tout homme sans considération d'origine, de religion

5. « C'est en tant que religion, que la doctrine communiste exalte et alimente les ferveurs des jeunes gens d'aujourd'hui. Leur action même implique une croyance ; et s'ils transfèrent leur idéal du ciel sur la terre, ainsi que je fais avec eux, ce n'en est pas moins au nom d'un idéal qu'ils luttent et, au besoin, se sacrifient. » André Gide, *Journal*, Gallimard 1939, p. 1182. Une autre citation fameuse.

ou croyance. Ces documents sont cités dans l'actuelle Constitution de 1958, qui dans son premier article proclame : « La France est une République indivisible, laïque, démocratique et sociale. Elle assure l'égalité devant la loi de tous les citoyens sans distinction d'origine, de race ou de religion. Elle respecte toutes les croyances. » Il est évident que ces quelques citations littéraires et constitutionnelles démontrent l'ambiguïté innée de toute question de religion, y compris un quelque droit fondamental du choix de la sienne. La foi soulève moult questions, et surtout à des moments liminaires de la vie : la naissance d'un bébé ; la mort d'un parent, d'un(e) ami(e), d'un enfant ; le mariage et le divorce, entre autres. Il doit exister un droit « inaliénable et sacré » de choisir ses croyances, dans le sens que le caractère « sacré » de ce droit relève de ces « préoccupations ultimes » auxquelles nous devons tous répondre chacun(e) dans son for intérieur personnel.

Nous possédons le droit de croire, d'agir selon nos croyances en participant au culte ou non, et de nous faire guider par les préceptes de la religion qui nous a choisis d'abord à la naissance, et avec laquelle nous devons individuellement lutter dans un branle-bas de combat intérieur. C'est à ce dernier que la liberté de conscience s'applique.

Nous arrivons finalement à pouvoir définir la laïcité avec des notions de base précises : la question de « préoccupations ultimes » engage tout un chacun, donc chacun possède le droit de s'interroger et de vivre selon ses propres convictions qui en résultent. L'exercice de la religion ne peut être que publique, se traduisant par une certaine manière de se comporter, dialoguer avec autrui, prendre des décisions morales. Quoique ce questionnement est intime, privé, il ne peut que se traduire par des paroles, gestes, et actes publics. La laïcité est donc le principe que la République doit appliquer pour garantir ce droit qui est l'exercice publique de la religion.

Puisque l'exercice de sa propre religion a des conséquences obligatoirement publiques, chaque citoyen(ne) est responsable vis-à-vis d'autrui. Si nous parlons de l'application de la laïcité par la République, il faut assumer que la République, c'est nous d'abord. Donc vivre en république dite laïque c'est non seulement exercer sa religion à son gré mais aussi laisser les autres la liberté d'en faire pareil.

Voici aussi pourquoi la liberté de religion est à la base de la démocratie, et non un droit ancillaire. Dans un état de monarchie ou dictature, il n'y a historiquement pas de choix. *Cuius regio, eius religio*, le principe qui mit fin à la guerre de Trente Ans, le dit succinctement : tu partageras la religion de ton chef. On se rappellera qu'un tiers de la population de l'Europe disparut dans ce conflit, tous au nom du Prince de paix . . . La guerre s'arrêta lorsque l'ancien principe fut respecté, mais alors dans des états différents avec des confessions chrétiennes différentes. L'idée qu'une société toute entière devait n'avoir qu'une seule religion fut mortellement affaiblie, ce qui permit, entre autres facteurs, et le développement de l'athéisme moderne et la certitude qu'il existe un droit fondamental, la liberté personnelle de conscience religieuse.

Dans les chapitres qui suivent, nous résumons l'histoire du principe de la laïcité, cette spécificité française. Car comme l'avait dit Mgr Welby, cité ci-dessus, les autres démocraties ont des différentes approches en ce qui concerne le maintien de ce droit fondamental de la liberté de religion. En son Royaume-Uni, dont il est membre du gouvernement, on l'appelle « *secularism* ». C'est l'idée que malgré l'Église de la Couronne (et donc de l'État), les sujets de Sa Majesté ont le droit d'en faire partie ou non. Mais tous les sujets, même athées ou d'autres religions, ont droit aux offices pastoraux de l'Église d'Angleterre : faire baptiser son enfant, se marier, célébrer les obsèques—sans se convertir à l'anglicanisme.

Les 44 évêques diocésains ont une entière responsabilité envers tous les sujets résidents dans leurs diocèses.[6] Par exemple, des musulmans ont fait appel à « leur » évêque » pour demander un espace pour une mosquée, une exigence en bonne et due forme, et l'évêque en question s'est exécuté. Donc 26 diocésains siègent dans la Chambre des Lords (les « *Lords Spiritual* »), car l'Église d'Angleterre est responsable pour le peuple anglais. Elle n'est plus financée par la Couronne depuis longtemps.

6. L'exception est l'Évêque de Gibraltar en Europe, dont le diocèse est sur le continent d'Europe, et donc n'a aucune juridiction géographique. Il exerce une juridiction dite « spirituelle ». Mgr Whalon est son collègue, avec la juridiction également « spirituelle » sur les fidèles de l'Église Épiscopale en Europe. Les deux Églises font partie de la Communion anglicane, issue de l'Église d'Angleterre, mais présentes comme églises nationales dans plus de 166 pays, avec environ 90 millions de fidèles.

En Allemagne, historiquement déchirée par les guerres de religion du 16e et 17e siècles, le maintien du droit de liberté de conscience est maintenu par un système de reconnaissance d'Églises « officielles », c'est-à-dire qui ont un statut légal (*Körperschaft des öffentlichen rechts*) qui leur donnent le droit d'imposer leurs ouailles (*Kirchensteuer*) pour le maintien financier de leurs cultes. Le même système existe en Autriche, certains cantons de la Suisse, et—en République laïque !—en Alsace-Moselle (on y reviendra).

En Italie, les fidèles peuvent donner mandat pour que l'État leur prélève un impôt pour le soutien de leur Églises (reconnues). La même chose prévaut en Espagne. Dans les pays scandinaves, seul l'Église luthérienne reçoit un soutien direct de l'État (à part récemment en Norvège).

Aux États-Unis, la fameuse « *separation of church and state* » empêche tout soutien même indirect par le gouvernement fédéral ou des divers états. Pourtant, ce principe n'apparaît pas dans la Constitution de 1789, dont le Premier amendement dit laconiquement que « Congress shall make no law respecting an establishment of religion, or prohibiting the free exercise thereof. » (« Le Congrès ne fera aucune loi en ce qui concerne l'établissement d'une religion [officielle], ni de loi qui en interdit la libre pratique »). C'est Thomas Jefferson, dans l'un de ses écrits, qui parla d'un mur séparant l'église de l'état. En tout cas, ce mur n'est pas étanche : le clergé fonctionne comme agents séculaires en présidant les mariages, les deux Chambres du Congrès ouvrent leurs séances avec une prière offerte par un membre du clergé, et chaque président termine une allocution avec « God bless you, and God bless the United States of America. » « In God we trust » est la devise qui figure sur la monnaie américaine. Le mur de séparation en a de trous . . .

Donc, le principe fondamental de liberté de religion s'interprète différemment dans les diverses démocraties, ce qui reflète l'histoire spécifique de chaque pays. On a vu que même en France, l'Alsace-Moselle continue de participer dans le *Kirchesteuersysteme* et l'État subventionne non seulement le culte catholique et réformé, mais aussi permet l'attribution d'un doctorat en théologie par la seule université d'État dans cette lande, celle de Strasbourg. La raison pour cette exception est qu'en 1905, quand la laïcité devint la loi de la République, l'Alsace-Moselle était sous occupation allemande.

À voir comment cette loi de 1905 a été promulguée.

Chapitre II
La laïcité, une spécificité française

Laïcité, un mot bien français

Certes, tout traduction est une trahison. Il n'y a pas de traduction exacte, vraiment fidèle, dans aucune langue, du mot « laïcité ». Surtout pas « secularism » en anglais, qui renvoie à l'idée de temporalité, ou de non-appartenance à une Église. La plupart des mots des différentes langues signifient en fait « sans religion ». Or, ce n'est pas ça, la laïcité . . ..

Le terme français « laïcité », comme certes, ses équivalents espagnol, portugais, italien,—qui n'ont pas sa connotation aujourd'hui—vient de « laïcos », mot grec signifiant « ce qui est relatif au peuple », au « laos », ou « lai », synonyme de « demos ». Avec une petite nuance le « laos » signifie le peuple, la population, ou la tribu, en opposition aux élites, aux magistrats ; « demos » situant le peuple par rapport à la royauté. C'est bien le terme « laos » qui fut utilisé systématiquement par les quatre évangélistes, quand ils parlaient du peuple à qui s'adressait Jésus. « Demos », lui, n'apparait que quatre fois, dans les Actes des apôtres. Nous devons donc le mot « démocratie » à « demos » (foule).

Le mot latin « laïcus » en est dérivé, et dans la langue française, (le mot « frère de lai » existe toujours, et en anglais il y a le « layman ») le laïc a été ainsi pendant plus d'un millénaire le « non-clerc »,—mais le chrétien non-clerc—, un chrétien du peuple. Il fallut attendre la seconde moitié du XXe pour qu'il signifie « non-religieux », ou « en dehors de la religion », surtout pour les non-chrétiens ; le mot « laïc » gardant toujours, et aujourd'hui encore, son sens premier parmi les chrétiens. Il peut être transposé dans toute religion possédant un clergé, comme par exemple l'islam chiite.

Laïc, comme substantif ou comme adjectif peut s'écrire indifféremment avec « c » ou « que » à la fin. Mais au fil des ans, ceux qui voulaient désigner les chrétiens non clercs ont parlé de « laïcs—et, généralement de « laïcat »—et ceux qui voulaient insister sur l'absence de religion ou la neutralité politique ont parlé de « laïques » et de « laïcité ».

Ce dernier terme s'est d'abord exclusivement appliqué à l'école. « La laïque », pendant des décennies, a signifié l'école primaire laïque, c'est-à-dire non confessionnelle.

Cette exception linguistique, ce « gallicisme », c'est le fruit d'une histoire très particulière, qui part du baptême du premier roi des Francs, Clovis, en 496, ou 498. Clovis, influencé par son épouse, la princesse burgonde Clotilde, aurait fait le vœu de se convertir, de quitter—vraisemblablement—la religion d'Odin, le dieu scandinave, s'il vainquait les Alamans à Tolbiac. Ce qu'il fit. La monarchie s'établissant avec les familles mérovingienne, carolingienne et surtout capétienne, établit des liens très forts avec la papauté, tout en cherchant à en réduire le pouvoir en France.

La France, aujourd'hui, est un pays laïque. C'est la Constitution, ce sont toutes nos lois civiles. Et, en même temps, elle demeure, dans la littérature, aux yeux d'une grande partie de sa population, en raison de ce baptême, la « fille aînée de l'Église ». Ce fut un rappel que Jean-Paul II lui lança, un peu vertement, lors de son premier voyage en France, en 1979. Quel paradoxe !

Bien avant, lorsque le roi Louis XVI—qui avait admis d'enregistrer, en 1787, les protestants à l'état civil—dut accepter, la mort dans l'âme, la Constitution civile du clergé, qui sonnait le glas et de son pouvoir, et de la « France chrétienne ». En juillet 1790, il écrivit une longue lettre à Pie VI, assurant qu'il « veillerait, avec l'attention d'un chrétien, d'un fils aîné de l'Église », au maintien de l'union avec Rome. Déjà, en novembre 1789, la nationalisation des biens du clergé, même si elle augmentait les traitements des prêtres, lui avait été imposée.

Louis XVI était emprisonné quand, le 20 septembre 1792, l'état-civil fut retiré aux paroisses et confié aux municipalités.

Mais, si la France était « chrétienne », il y a eu, en fait tout au long de son histoire, les frondes gallicanes, toutes les oppositions, les guerres d'autorités temporelle et spirituelle entre les rois de France et les papes de Rome; il y a eu ce qui a été appelé les « guerres de religion » (improprement puisque catholicisme, protestantisme, anglicanisme appartiennent tous trois pareillement à la religion chrétienne), l'Édit de Nantes de 1598 autorisant le protestantisme,—hélas révoqué par Louis XIV en 1685—puis les Lumières, l'exigence de liberté, la révolution qui déjà avait tenté la séparation des Églises et de l'État (décret du 21 févier 1795).[1]

En 1790, les prêtres ont été appelés à prêter serment à la Constitution. Il y eut donc un conflit interne à l'Église entre « assermentés » et réfractaires (au départ 99 des 250 députés qui étaient prêtres, puis beaucoup plus). Le Concordat signé par Napoléon, premier consul, en 1801 permit une remise en ordre, sinon un apaisement. En tout cas une normalisation, qui perdurera, bon an, mal an, plus d'un siècle.

Le choc du Syllabus

La publication, sous sa seule autorité par Pie IX le 8 décembre 1864 du Syllabus, fut une catastrophe pour l'Église catholique, et ses rapports avec le monde. Ce texte, 80 condamnations, vit le jour alors que Rome, unique vestige des États pontificaux, était annexée à la toute jeune Italie. Pie IX s'en prenait au libéralisme, au communisme, au gallicanisme, au rationalisme, à la démocratie. Mais aussi à la séparation de l'Église et de l'État, et surtout au modernisme. L'enseignement de l'Église catholique était figé. Six ans, plus tard, le Concile Vatican

1. Art. 1er. Conformément à l'article VII de la déclaration des droits de l'homme, et à l'article CXXII de la Constitution, l'exercice d'aucun culte ne peut être troublé.
   2. La République n'en salarie aucun
   3. Elle ne fournit aucun local, ni pour l'exercice du culte, ni pour le logement des ministres.
   4. Les cérémonies de tout culte sont interdites hors de 'enceinte choisie pour leur exercice.
   5. La loi ne reconnaît aucun ministre du culte : nul ne peut paraître en public avec les habits, ornements ou costumes affectés à des cérémonies religieuses.
   6. Tout rassemblement de citoyens pour l'exercice d'un culte quelconque, est soumis à la surveillance des autorités constituées. Cette surveillance se renferme dans des mesures de police et de sécurité publique.

I décrétait le dogme de l'Infaillibilité pontificale, au grand dam de plusieurs évêques français et aussi d'autres Églises chrétiennes.

En 1879, un groupe de députés dont Georges Clemenceau demandent la suppression du Concordat et du budget des cultes. Puis apparut un terrible conflit sur l'enseignement, le cœur de la question religieuse, qui devait échapper peu à peu à l'Église. Président du Conseil et ministre de l'Instruction publique, Jules Ferry, qui était franc-maçon, fait voter en 1882 et 1883 les lois instaurant l'école publique, gratuite et obligatoire de 6 à 14 ans.

Dans sa « lettre aux instituteurs », le 17 novembre 1883, alors qu'il quitte ses fonctions, il décrit bien comment l'État, sans se substituer aux religions, entend bien contrer toute influence religieuse dans les écoles, mais surtout conférer aux maîtres la responsabilité de « l'enseignement moral et civique » :

> Des diverses obligations qu'il vous impose, celle assurément qui vous tient le plus au cœur, celle qui vous apporte le plus lourd surcroît de travail et de souci, c'est la mission qui vous est confiée de donner à vos élèves l'éducation morale et l'instruction civique vous me saurez gré de répondre à vos préoccupations en essayant de bien fixer le caractère et l'objet de ce nouvel enseignement ; et, pour y mieux réussir, vous me permettez de me mettre un instant à votre place, afin de vous montrer, par des exemples empruntés au détail même de vos fonctions, comment vous pourrez remplir, à cet égard, tout votre devoir, et rien que votre devoir. La loi du 28 mars se caractérise par deux dispositions qui se complètent sans se contredire : d'une part, elle met en dehors du programme obligatoire l'enseignement de tout dogme particulier ; d'autre part, elle y place au premier rang l'enseignement moral et civique. L'instruction religieuse appartient aux familles et à l'Église, l'instruction morale à l'école. [. . .] En vous dispensant de l'enseignement religieux, on n'a pas songé à vous décharger de l'enseignement moral ; c'eût été vous enlever ce qui fait la dignité de votre profession. Au contraire, il a paru tout naturel que l'instituteur, en même temps qu'il apprend aux enfants à lire et à écrire, leur enseigne aussi ces règles élémentaires de la vie morale qui ne sont pas moins universellement acceptées que celles du langage ou du calcul.

Bref, l'État, par l'intermédiaire de l'instituteur, enseigne la morale aux enfants, excluant, dans l'enseignement public s'entend, le religieux. Liberté, émancipation bien sûr, puisque l'enseignement moral catholique ne sera plus imposé. Oui, mais, quelle morale sera-t-elle enseignée ? Athée ? Religieuse ?

Affrontement puis apaisement

La troisième République voit naître un anticléricalisme féroce à la fin du XIXe siècle, et en même temps la volonté d'un pape, Léon XIII, de faire entrer les catholiques dans la République, de les séparer de la vision politique monarchiste. Tout cela a abouti à une loi de compromis et de liberté, la « loi de séparation des Églises et de l'État », le 9 décembre 1905, rapportée par un homme de paix et de tolérance, Aristide Briand, promulguée par un président éclairé, Émile Loubet. Des députés catholiques, membres des « abbés démocrates », républicains, avaient demandé, en vain, que cette loi soit établie en concertation avec le Vatican. Sans doute, le mot laïcité n'accompagne-t-il aucunement cette loi. Néanmoins, elle est unanimement appelée la « loi de la laïcité ».

Si les années 1890–1900 furent relativement calmes, avec le « ralliement » et l'acceptation de la République par les catholiques sociaux comme Albert de Mun, les abbés démocrates (dont plusieurs députés), et le Sillon de Marc Sangnier, le conflit s'est envenimé avec la loi sur les associations de 1901 qui interdit d'enseignement les Congrégations religieuses. 2.500 établissements sont fermés. Et amplifié avec la nomination l'année suivante comme président du Conseil et ministre de l'Intérieur et des Cultes d'Émile Combes, ancien séminariste (comme Staline !)—surnommé « le père Combes »—, radical et très anticlérical, malgré une grande amitié pour des gens d'Église. La France rompt avec le Vatican. Combes veut la mainmise de l'État sur le religieux. Finalement, il est concordataire.

L'affaire lamentable des « fiches », en 1904, le fichage des opinions religieuses et des fréquentations de tous les officiers provoque un scandale qui l'amène, fort heureusement, à démissionner. Il voulait interdire l'usage des langues régionales dans les églises ! Ce que fit Ferry dans les écoles publiques . . .

La Commission parlementaire créée en 1903 pour légiférer sur la séparation est présidée par Ferdinand Buisson, protestant, président de la Ligue de l'enseignement et membre fondateur de l'Association des libres penseurs. Le socialiste Jean Jaurès joua un grand rôle :

> « L'idée, le principe de vie qui est dans les sociétés modernes, qui se manifeste dans toutes leurs institutions, c'est l'acte de foi dans l'efficacité morale et sociale de la raison, dans la valeur de la personne humaine raisonnable et éducable. C'est le principe, qui se confond avec la laïcité elle-même, c'est ce principe, qui se manifeste, qui se traduit dans toutes les institutions du monde moderne. C'est ce principe qui commande la souveraineté politique elle-même. Ah ! Messieurs, les catholiques, les chrétiens, peuvent continuer à dire que même le pouvoir populaire d'aujourd'hui est une dérivation, une émanation du pouvoir de Dieu. Mais ce n'est pas en vertu de cette délégation que la démocratie moderne prétend exercer sa souveraineté », déclara-t-il à la Chambre des députés, le 21 janvier 1906, six semaines après le vote de la loi de séparation des Églises et de l'État.

Mais, ce qui a primé, c'est le talent et la grande ouverture d'esprit d'Aristide Briand, aidé essentiellement de trois membres de son cabinet, M. Louis Méjean, qui est protestant et radical, et directeur des cultes, et M. Paul Grünebaum-Ballin, qui est israélite, spécialisé alors dans les questions étrangères, et Léon Parsons, journaliste parlementaire catholique, qui a traité des questions historiques. Une sacrée équipe !

Protestants et juifs, très minoritaires, qui avaient obtenu leurs droits de citoyens grâce à la révolution, se sont toujours félicités de la séparation des Églises et de l'État qui leur donnait une reconnaissance, une libération, un espace de respiration, par rapport, précisément, aux catholiques, ultra-majoritaires.

Que de compromis pour parvenir à cette loi, fermement condamnée par le pape Pie X, bien mal inspiré ! Il l'a condamnée par deux encycliques sans appel : *Vehementer vos*, le 11 février et *Gravissimo officii* le 10 août 1906. Outre la rupture unilatérale du Concordat, et la peur que d'autres pays n'imitent la France, le pape s'inquiétait de la place que pouvaient prendre les laïcs chrétiens—les non-clercs !—dans les associations cultuelles créées.

« La neutralité de l'État en matière constitutionnelle est l'idéal de toute société moderne », avait affirmé Briand en conclusion de son rapport. Cette notion est de plus mise en avant dans l'application actuelle de la loi, même si elle n'y figure pas.

L'État est « neutre », « neuter » (ne -'pas'- uter-'un des deux'), soit « aucun des deux », « ni l'un ni l'autre des deux », ou « favorable à aucun des deux ». Il n'y a que deux parties : la religion ou l'athéisme. La loi,[2] qui s'appliquait aux protestants et aux juifs—pas aux musul-

---

2. Article 1. La République assure la liberté de conscience. Elle garantit le libre exercice des cultes sous les seules restrictions édictées ci-après dans l'intérêt de l'ordre public.

Article 2. La République ne reconnaît, ne salarie ni ne subventionne aucun culte. En conséquence, à partir du 1er janvier qui suivra la promulgation de la présente loi, seront supprimées des budgets de l'État, des départements et des communes, toutes dépenses relatives à l'exercice des cultes. Pourront toutefois être inscrites auxdits budgets les dépenses relatives à des services d'aumônerie et destinées à assurer le libre exercice des cultes dans les établissements publics tels que lycées, collèges, écoles, hospices, asiles et prisons. Les établissements publics du culte sont supprimés, sous réserve des dispositions énoncées à l'article 3.

Article 3. Les établissements dont la suppression est ordonnée par l'article 2 continueront provisoirement de fonctionner, conformément aux dispositions qui les régissent actuellement, jusqu'à l'attribution de leurs biens aux associations prévues par le titre IV et au plus tard jusqu'à l'expiration du délai ci-après.

Dès la promulgation de la présente loi, il sera procédé par les agents de l'administration des domaines à l'inventaire descriptif et estimatif :

1° Des biens mobiliers et immobiliers desdits établissements ;

2° Des biens de l'État, des départements et des communes dont les mêmes établissements ont la jouissance (. . .).

Article 12 : Les édifices qui ont été mis à la disposition de la nation et qui, en vertu de la loi du 18 germinal an X, servent à l'exercice public des cultes ou au logement de leurs ministres (cathédrales, églises, chapelles, temples, synagogues, archevêchés, évêchés, presbytères, séminaires), ainsi que leurs dépendances immobilières et les objets mobiliers qui les garnissaient au moment où lesdits édifices ont été remis aux cultes, sont et demeurent propriétés de l'État, des départements, des communes et des établissements publics de coopération intercommunale ayant pris la compétence en matière d'édifices des cultes.

Article 26 : Il est interdit de tenir des réunions politiques dans les locaux servant habituellement à l'exercice d'un culte.

Article 28 : Il est interdit, à l'avenir, d'élever ou d'apposer aucun signe ou emblème religieux sur les monuments publics ou en quelque emplacement public que ce soit, à l'exception des édifices servant au culte, des terrains de sépulture dans les cimetières, des monuments funéraires, ainsi que des musées ou expositions.

mans, alors qu'ils étaient déjà plusieurs milliers—était une victoire du « pacte laïque », mais garantissait aussi la liberté religieuse qui avait été menacée.

En 1907, deux lois, inspirées par Clemenceau et Briand, débloquent une situation délicate. Les églises refusant les associations cultuelles, pourront former des associations type loi de 1901. L'autorisation préalable exigée pour prévenir les autorités préfectorales des messes et cultes est annulée.

Pendant la grande guerre, ce fut « l'union sacrée » qui gomma les différends religieux. Malgré un soubresaut « laïcard » du Cartel des gauches, en 1924, l'apaisement s'est imposé, et le pape Pie XI, plus ouvert, accepte que l'Église de France se conforme à la loi. Les relations diplomatiques entières sont reprises. En 1926, Pie XI condamne l'Action française, le mouvement nationaliste et antisémite de Charles Maurras, ce qui est apprécié dans les milieux politiques français, de gauche notamment.

Chapitre III
Avant et après Creil 1989

Mais cette loi, qui s'était imposée pendant huit décennies, comme un drapeau, comme un socle, comme un acquis commun au-delà d'inévitables querelles, a réveillé l'opinion, comme une dissonance, une incompréhension, un litige, un gigantesque malentendu dans les années 1980, avec l'affaire des trois élèves du collège Gabriel-Havez de Creil, dans l'Oise, en 1989, qui voulaient suivre les cours en foulard.

Elles furent expulsées, de façon autoritaire, en juin, par le proviseur du collège, Ernest Chénière, personnalité qui se revendiquait très à droite. Il avait pourtant admis n'être pas intervenu quand des collégiennes israélites ne venaient à l'école ni le vendredi soir, ni le samedi. Le maire socialiste de la ville, Jean Anciant, était beaucoup plus modéré, et prônait le dialogue. Les trois collégiennes sont réintégrées en octobre, mais doivent quitter leur foulard à l'intérieur de l'établissement. Des affaires similaires se multiplient, à Marseille, en Avignon . . .

L'affaire du « voile islamique » est lancée, avec un flot d'articles et de débats. C'est en fait la place de l'islam en France qui est posé. Le ministre de l'Éducation nationale Lionel Jospin, plutôt hostile à l'exclusion, botte en touche en se tournant vers le Conseil d'État. Les chefs d'établissement sont laissés sans consignes strictes. Fallait-il interdire le foulard aux jeunes filles, ou, comme le disait Danielle Mitterrand, ne fallait-il pas le leur laisser, car sinon elles pourraient être privées du droit de s'instruire ? L'épouse du président de la République fut vertement tancée par Marie-Claude Mendès-France qui l'a accusée de « faire le jeu de la Sharia ! »

Si les associations antiracistes, le MRAP, et même SOS-Racisme défendent les jeunes filles, les syndicats d'instituteurs veulent se montrer « fermes », sur la laïcité, mais rechignent, au départ, à l'exclusion. La droite, et surtout l'extrême-droite, qui découvre et soutient désormais à pleins poumons la laïcité—cette extrême-droite qui l'avait historiquement toujours combattue—, sont vent debout contre le foulard, souvent appelé alors très incorrectement « tchador », pour faire un parallèle avec la société iranienne, en une période où la presse française évoque beaucoup l'affaire Rushdie, cet écrivain indo-britannique condamné à mort par une fatwa de l'imam Khomeiny pour « blasphème » dans un fatwa.

Une pétition, signée notamment de Marguerite Duras, Ségolène Royal, et d'autres personnalités féministes, évoque « le signe de l'oppression et de la contrainte exercée sur les femmes musulmanes » (par le port du foulard), mais affirme que « l'exclusion sera toujours la pire des solutions ».

Elisabeth Badinter, Régis Debray, et Alain Finkielkraut dénoncent rien moins qu'un « Munich de l'école républicaine » ! « La France républicaine s'efface devant la France tribale », a également surenchéri Finkielkraut.[1]

Le foulard est présenté par certains comme un signe de soumission. Pour d'autres, un vêtement culturel, pour d'autres encore un vêtement religieux. Pour certaines féministes, il s'agit de libérer la femme en ôtant ce foulard-prison. Pour d'autres, il faut d'abord maintenir le droit de s'habiller librement.

D'autres voix s'élèvent dans le débat des philosophes, dans un sens inverse : « Même là où on pourrait croire que la tolérance, l'ouverture, l'intelligence s'exercent, des actes se commettent contre la liberté, dans l'arbitraire et la tolérance. La Laïcité, oui ; mais pas à l'importe quel prix. Trois foulards contre l'intégration de trois millions de musulmans de France ! », affirme l'écrivain franco-algérienne Leila Sebbar.

En 1994, le ministre de l'Éducation nationale François Bayrou fait une distinction entre les symboles religieux « discrets » et ceux qui sont « ostentatoires », c'est-à-dire ceux qui sont portés pour attirer l'attention, sans aucune discrétion.

En pleine guerre civile algérienne, le climat se durcit encore et encore.

---

1. *Le Nouvel Observateur*, 2 novembre 1989.

L'islam s'affiche, le christianisme se veut discret

C'est l'affirmation d'une revendication des musulmans de s'afficher, avec leurs croyances, avec aussi leurs signes extérieurs, alors même que la France se déchristianisait, et que les chrétiens abandonnaient peu à peu leurs oripeaux religieux. Les prêtres catholiques ôtaient leur soutane en France dès 1962, puis, quelques années plus tard, pendant le Concile, dans le monde entier. En France, ils ôtent très souvent même leur clergyman (réapparu sous le pontificat de Jean-Paul II, et ce n'est forcément pas un hasard).

Quand les chrétiens voulaient se faire discrets, et renonçaient à la plupart de leurs processions par exemple, les musulmans réclamaient, et c'était justice, des mosquées pour exercer librement leur culte.

Après des décennies où l'islam, religion en France surtout d'ouvriers maghrébins et de leurs familles, souvent discriminés, a été celui du silence, et celui « des caves », le temps de l'affirmation musulmane est venu, une présence revendiquée dans l'espace public, au nom, disent ses dirigeants, de la devise républicaine : liberté (de s'exprimer, de s'habiller selon ses désirs) ; égalité (vis-à-vis des autres religions) ; et fraternité . . .. Seulement voilà. Une grande partie de la population ne l'a ni compris, ni admis.

La guerre civile en Algérie dans les années 1990, qui concernait tant d'Algériens vivant en France, puis les attentats aux États-Unis en septembre 2001, ont créé un climat de suspicion, de crainte au sein de la communauté française, vis-à-vis de la communauté musulmane et au sein de cette communauté. Les musulmans devenaient, de plus en plus une cible. La gauche, et une partie importante de l'intelligentsia française qui considéraient jusqu'au milieu des années 1980, les travailleurs immigrés maghrébins comme des personnes fragilisées, à défendre, ont révisé complètement leur jugement, ont fait volte-face. Ce qui est devenu essentiel à leurs yeux, c'est l'expression de la religion musulmane, contrevenant, selon elle, à la laïcité et aussi à l'égalité hommes-femmes.

Les autorités se sentaient obligées de réagir. D'une part en obtenant la création d'une instance représentative des musulmans, jusqu'ici représentés essentiellement par le recteur de la Mosquée de Paris ou des associations très disparates, liées à des États ou à des courants religieux, comme celui des Frères musulmans. Après une réflexion menée par le ministre -protestant- de l'Intérieur Pierre Joxe, en 1990, c'est un de ses successeurs, Jean-Pierre Chevènement, ancien jeune sous-préfet

d'Oran, qui lança le projet en 1999, avec d'abord une grande consultation, qui, après moult tergiversations, aboutit à la création du Conseil français du culte musulman (CFCM), avec ses conseils régionaux. C'est Nicolas Sarkozy, ministre de l'Intérieur en 2003, qui signa sa naissance officielle.

La Commission Stasi

Mais, à l'approche du centenaire de la loi de 1905, le président Jacques Chirac voulut trancher ces questions spécifiques au renouveau musulman en France. Il nomma une Commission « sur la laïcité » (présidée par l'ancien ministre catholique Bernard Stasi, homme d'ouverture, qui avait écrit un livre à succès : *L'immigration est une chance pour la France..*[2]) Des nombreuses propositions de cette Commission, comme celle d'accorder un jour férié pour les juifs (Yom Kippour) ou les musulmans (un des deux Aïds),—pour accorder une égalité de traitement entre les religions—le gouvernement et le Parlement ne retinrent que l'interdiction des « signes religieux ostentatoires » au collège et au lycée.

En fait, jusqu'ici, aucune attention particulière n'était portée aux signes arborés par des adeptes d'autres religions que l'islam, comme les croix apparentes, la kippa des enfants juifs. Mais, désormais, l'interdiction s'applique à tous les signes, de toutes les religions.

En outre, jusqu'aux années 1960, bon nombre de prêtres comme l'abbé Lemire, fondateur des Jardins ouvriers, ou—après la guerre—l'abbé Pierre s'exprimaient à l'Assemblée en soutane sans jamais avoir reçu de remontrances pour infraction à la laïcité . . .. Ils avaient pourtant maille à partir avec des Combes, des Jaurès et des Clemenceau !

Droit de blasphème

Le droit de blasphémer est consubstantiel de la laïcité « à la française ». Voltaire, qui l'a défendu et inspiré, tout comme plus tard Vic-

2. Paris, R. Laffont, 1984.

tor Hugo, ont fait du chevalier de la Barre le héros de la laïcité, du refus de la soumission au religieux. Ce fameux « délit de blasphème » n'était plus passible de la peine de mort depuis 1666 quand, cent ans plus tard, un jeune homme de moins de 20 ans, le chevalier François Jean Lefebvre de la Barre, fut exécuté à Abbeville pour « sacrilèges et blasphèmes ». Ses crimes (nullement prouvés) : avoir chanté des chansons paillardes, ne s'être pas découvert devant le passage d'une procession du Saint-Sacrement, et avoir tailladé une statue du Christ sur le pont d'Abbeville. Circonstance aggravante : il est retrouvé chez lui un exemplaire du Dictionnaire philosophique de Voltaire. Sa réhabilitation fut un des grands combats de Voltaire. Malgré de nombreuses interventions, dont celle de l'évêque d'Amiens, Mgr de la Motte, Louis XV refuse de grâcier le jeune « blasphémateur ».

Cette ignominie, au-delà de Voltaire bouleverse la France, et le chevalier n'est réhabilité que pendant la révolution. La révolution annulera du reste ce « délit de blasphème », à travers les articles 10 et 11 de la déclaration des droits de l'homme et du citoyen.[3] « Parce que la religion est divine, doit-elle régner par la haine, les tortures, les meurtres ? », avait écrit pour sa part Voltaire dans son *Traité sur la Tolérance.*

Charles X établit en 1825 une « loi du sacrilège » punissant de mort la profanation d'hosties consacrées (ne concernant donc que les catholiques ou les rares anglicans et orthodoxes). Si la Restauration tente de le rétablir—il s'agit alors de « sacrilège »—, la loi du 29 juillet 1881 sur la liberté de la presse l'annule définitivement (sauf en Alsace-Moselle, où c'est officiellement tout récent, en raison de son statut spécial.)

Aujourd'hui, en France, presque personne ne remet en cause le droit de blasphème. La laïcité, écrit le sociologue Patrick Weil, politologue ancien membre du Haut Conseil à l'intégration, est « à la fois liberté de religion et liberté à l'égard de toute religion. Elle respecte

3. « *Article 10.* Nul ne doit être inquiété pour ses opinions, même religieuses, pourvu que leur manifestation ne trouble pas l'ordre public établi par la loi ».
« *Article 11.* La libre communication des pensées et des opinions est un des droits les plus précieux de l'homme : tout citoyen peut donc parler, écrire, imprimer librement, sauf à répondre à l'abus de cette liberté dans les cas déterminés par la Loi. »

à la fois le droit de croire et le blasphème ».[4] Ce délit de blasphème, sous des formes diverses, existe toujours dans de nombreux pays, dont sept en Europe. L'Irlande l'a même renforcé en 2010, en le faisant appliquer non plus au seul christianisme, mais aux autres religions. Toutefois, un référendum est envisagé pour l'abolir. Et le Danemark, pays où ont été publiées les premières caricatures reprises par *Charlie hebdo*, combattues comme blasphématoires par de nombreux musulmans, vient de s'en débarrasser (en juin 2017). Mais la Pologne, l'Espagne notamment n'y ont pas renoncé.

La question du « blasphème » demeure d'une grande acuité. C'est par refus de ce droit que les effroyables attentats contre *Charlie*, notamment, ont été perpétrés. Beaucoup veulent opposer au droit de blasphème l'interdiction de diffamer.

---

4. *Le sens de la République* (*avec Nicolas Truong*) Grasset 2015. Page 129.

Chapitre IV
Le gallicanisme, les origines de la laïcité

Bien que catholique, et avec ferveur, la monarchie française s'est souvent opposée aux papes. Sept rois et l'empereur Napoléon 1er ont été, un temps, excommuniés ! En 1564, le protestant Charles Dumoulin fait remonter le gallicanisme à Clovis lui-même. « Or, ce n'est pas chose nouvelle que les roys de France ayant fait lois, statuts et édits des choses ecclésiastiques, principalement pour réfréner les abus et excès des églises, voire des évêques et des papes. Car dès auparavant mil quarante ans, Clovis, roy des Françoys, commanda de célébrer le premier concile de l'Église gallicane à Orléans ».[1]

Le gallicanisme, c'est l'indépendance absolue des rois à l'égard des papes dans le domaine temporel. Avec parfois des empiètements dans le domaine spirituel . . . Il explique la laïcité « à la française ».

Le pape (français) Urbain II, en 1094, avait excommunié le roi Philippe 1er, coupable d'avoir répudié son épouse et épousé une femme déjà mariée . . . L'interdit est jeté sur le royaume de France. Le roi est interdit de croisade. Puis c'est le bras de fer entre Philippe le bel qui, après avoir confisqué les biens des Juifs et des Lombards (pas très glorieux), en 1292, veut prélever de très lourdes taxes sur le clergé. Boniface VIII est furieux, convoque un Concile des évêques de France. Philippe le bel, lui, réunit les premiers États généraux qui le soutiennent. Le pape publie la bulle Unam sanctam, en 1302, affirmant la supériorité de l'Église sur le roi, en 1302, avant d'être assassiné l'année suivante, peut-être sur ordre du roi ! Son successeur, Clément V, s'installe en Avignon, en 1309. Victoire du gal-

1. Charles Dumoulin. *Abus des petites dates, réservations, préventions, annales et autres usurpations et exactions de la Cour de Rome*. Lyon, 1564.

licanisme. Il est reproché à Henri VIII d'Angleterre (faussement) d'avoir fondé une Église. Les rois de France fondèrent leur propre papauté !

En 1438, Charles VII, celui-là même qui put être sacré roi grâce à Jeanne d'Arc, publia la « Sanction de Bourges », établissant, de façon définitive l'autonomie de la France par rapport au pouvoir temporel, mais aussi spirituel—élection des évêques—du pape.

François 1er auréolé de sa victoire de Marignan, renforce l'autorité des rois de France sur l'Église par le Concordat de Bologne de 1516, conclu avec le pape Léon X. Ce régime restera en vigueur jusqu'à la révolution. Le roi français est « très chrétien », mais le roi d'Espagne est « très catholique ». Nuance . . .. En août 1539, par ses ordonnances de Villers-Côtteret, il fait du français, populaire, la langue officielle, au détriment du latin, langue sacrée. Nouveau coup de semonce.

C'est sous Louis XIV, le roi Soleil, que la suprématie royale sera le plus affirmée. Le 19 mars 1682, sous la houlette de Bossuet, évêque de Meaux, est publiée par l'Église de France la « Déclaration des quatre articles ». Le premier limite l'autorité du pape au champ spirituel. Le deuxième déclare que les conciles sont au-dessus du pape. Le troisième défend l'Église gallicane. Et le dernier nie l'infaillibilité pontificale. (Une volonté française, gallicane, presque millénaire, en voulant séparer le droit religieux du droit civil et temporel, marque une étape de la laïcité.) Les papes de Rome se sont, il est vrai, montrés plus conciliants avec les rois de France, échaudés par le conflit avec les monarques Tudor et la séparation d'avec l'Église d'Angleterre.

Au XIXe siècle, le gallicanisme perdit beaucoup de terrain dans le débat politico-religieux français, au profit des « ultramontains », c'est-à-dire les partisans de la suprématie vaticane. Félicité de La Mennais,—malgré son conflit théologique avec Rome—et Mgr Dupanloup, évêque d'Orléans, en furent deux des figures, très contrastées.

Deux archevêques de Paris, gallicans, moururent sacrifiés pendant deux révolutions : Mgr Affre, en 1848, et Mgr Georges Darboy, fusillé le 24 mai 1871, sur ordre de la Commune de Paris dont il était otage, Thiers ayant refusé de l'échanger contre Auguste Blanqui. Mgr Darboy était opposé au dogme de l'Infaillibilité pontificale.

Les protestants modérés

La réforme luthérienne fait peu à peu des adeptes en France. Et Jean Calvin est français. François 1er, le roi de la renaissance, tolère d'abord le protestantisme. Puis vient l'affaire en 1534, dites « des placards », des affiches éditées par un disciple de Zwingli, qui dénoncent en termes très vifs la messe catholique—la « présence réelle ». Les libraires sont contraints de ne pas vendre des livres protestants. Cette première vague de répression a fait au moins 500 morts, dont l'humaniste Étienne Dolet, sans empêcher le roi de s'allier avec les principes protestants allemands contre Charles Quint. En 1534, 3000 vaudois sont condamnés au bûcher !

Michel de l'Hospital, chancelier de France—c'est-à-dire ministre de la Justice—et proche des protestants (son épouse l'était), organisa en septembre 1561, après une période d'extrême tension, le « colloque de Poissy », destiné à organiser un véritable dialogue théologique entre protestants de la Cour et prélats catholiques. Un véritable affrontement verbal eut lieu entre Théodore de Bèze, venu de Suisse, et le cardinal de Lorraine, ami de Michel de l'Hospital—avant de devenir, après le Concile de Trente, un ennemi farouche des protestants. En décembre 1560, de l'Hospital avait prononcé un magnifique Discours de la tolérance devant les États généraux. « Otons ces mots diaboliques, noms de partis, factions et séditions, luthériens, huguenots, papistes, rechangeons le nom de chrétiens ».

Du fait d'un veto du légat du pape, le colloque ne donne rien, et c'est, en 1562, le massacre de Vassy, le véritable début de la « guerre des religions ». Ce quinzième siècle fut terrible. En 1572, peu après le mariage d'Henri de Navarre, protestant,—fils de Jeanne d'Albert, convertie par Théodore de Bèze—avec la reine Margot, sœur du roi Henri III, ce fut le massacre de la Saint-Barthélemy qui ruina tous les efforts de paix et de compréhension. Par un retournement comme l'histoire sait en créer, c'est justement Henri de Navarre qui succéda à Henri III, étant le seul descendant en ligne directe masculine de saint Louis, par son ancêtre Robert de Bourbon !! Il accepte de redevenir catholique mais à une condition : la liberté de culte sera accordée aux protestants. Presque toute sa famille reste protestante ! En 1598, c'est l'édit de Nantes, qui est sans doute le premier pas vers la laïcité. Cet édit sera supprimé par l'édit de Fontainebleau de Louis XIV (1685), une des plus grandes sottises de ce roi . . .. Mais, malgré ce cruel soubresaut, l'histoire était en marche.

Les libres-penseurs et les anticléricaux

Voltaire était franc-maçon, tout comme Condorcet, un des plus importants artisans de l'école dégagée de l'Église.

En 1866, deux années après le Syllabus, le journaliste Jean Macé crée La Ligue de l'enseignement, qui vise au développement de l'instruction publique (1er article des statuts), à fonder des bibliothèques, des cours publics pour adultes, des écoles (la Ligue a très fortement concouru à la création des écoles publiques, laïques et obligatoires par Jules Ferry quinze ans plus tard). Et l'article 3 des statuts indique que l'on « s'abstiendra de tout ce qui pourrait avoir une couleur de polémique, politique ou religieuse ». Peu à peu, le terme « neutralité » s'impose dans la langue courante politique. Mais il est surtout employé par des adversaires de l'Église. « Neutre », ou « laïque » signifie dans les vifs débats de l'époque « non catholique », souvent même agnostique ou athée.

Le mot « laïcité » lui-même apparait pour la toute première fois dans le Littré en novembre 1871, et se rapporte à la question scolaire en région parisienne ! C'est en 1877, date charnière dans l'histoire de la laïcité, que le Grand Orient de France, principale obédience maçonnique ne demande plus à ses membres d'être obligatoirement chrétiens.

En 1925, la Ligue de l'enseignement deviendra la « Confédération générale des œuvres laïques ».

Puis, Macé et son secrétaire général du cercle parisien de la Ligue, Emmanuel Vauchez, en 1871, lancent une longue enquête et une pétition auprès des élus « en faveur de l'école laïque ». Macé récuse ce terme, source de conflit à son avis et lui préfère celui de « non sectaire ». Les deux hommes se seraient battus, et Vauchez aurait cassé deux dents à Macé pour ce mot de « laïcité » !! Vauchez tient bon et remporte la manche. Il lance une enquête sur l'école, concluant à la laïcité. « Par laïcité, j'entends la science à l'école, et l'Instruction religieuse à l'église ».

C'est le pouvoir de l'Église catholique dans l'enseignement des enfants, c'est l'emprise catholique qui sont combattus.

Si le mot « laïc » ne peut se traduire correctement dans aucune langue étrangère, c'est qu'il épouse l'histoire autant chargée et compliquée, toujours passionnelle des relations entre deux Frances, entre plusieurs Frances. La France qui se définit dans sa Constitution comme « République indivisible, laïque, démocratique et sociale », ne peut empêcher qu'elle soit aussi la « fille aînée de l'Église », depuis le baptême de Clovis, ce qu'une partie importante de sa population n'oublie pas. Et que la majorité de ses jours fériés—six sur onze—soient directement liés au christianisme. A titre de comparaison, seule l'Italie fait « mieux « (sept sur onze), de même que l'Allemagne (six sur neuf). L'Angleterre en a quatre sur huit, le Canada quatre sur dix. Plusieurs pays africains, comme le Mali, prennent des fêtes musulmanes et chrétiennes comme jours fériés. La Russie en compte trois sur onze.

De même, la plupart des médias évoquent chaque jour le saint célébré, et souhaitent bonne fête à ceux qui portent son nom . . . C'est un paradoxe, mais non une contradiction. Un paradoxe qui pèse dans le conflit qui resurgit entre « laïcards », ou « laïcistes » d'un côté et de l'autre ceux qui s'en tiennent à l'esprit du pacte laïque, de la séparation des Églises et de l'État qui ne signifie nullement ignorance, indifférence et surtout pas hostilité.

Laïcité, une doctrine bien française

Il n'y a pas d'équivalent dans le monde à la « laïcité à la française », même si certains États s'en inspirent, s'en réclament, et même si notre laïcité s'est inspirée d'autres expériences internationales.

Ainsi, Aristide Briand, dans son rapport du 4 mars 1905 a indiqué : « Le Mexique possède la législation laïque la plus complète et la plus harmonique qui ait été mise en vigueur jusqu'à ce jour ». Néanmoins, le pays ne se définit toujours pas explicitement comme « laïque ».

Il y a bien eu d'autres tentatives. Comme la Turquie de Mustafa Kemal, toujours citée en exemple—qui contrôlait directement néanmoins les contenus des prêches du vendredi—, ou le Baas tel que conçu par Michel Aflak, son fondateur, qui était pourtant chrétien (syrien). Là aussi, ce n'est pas notre laïcité. En effet, le Baas « reconnait à l'islam un aspect nationaliste, qui a joué un rôle essentiel dans la formation de la nation arabe », écrit-il.[2] « La religion est une source jaillissante de l'âme. En souhaitant la laïcisation de l'État, nous visons surtout à libérer la religion des exigences et des contingences de la politique », ajoute-t-il.

Le Portugal, dans l'article 41 de la Constitution, se réclame de la laïcité . . . Oui, mais il est lié par un Concordat avec Rome, un texte qui souligne le « caractère exceptionnel » de l'Église catholique.

Cuba l'a inscrit, lui aussi. Le parti unique de ce pays est néanmoins officiellement athée, même s'il y a des progrès dans la liberté religieuse. L'Inde a intégré le « sécularisme ».

Les États-Unis et le Royaume-Uni pratiquent la liberté religieuse. Mais le président américain prête serment sur la Bible, les billets du pays assurent « In God we trust ». Et la reine d'Angleterre est « gouverneur suprême de l'Église d'Angleterre », ce qui ne lui confère certes pas de pouvoir. En Allemagne, les religions sont reconnues, et les citoyens paient des impôts pour les faire vivre. Rien à voir avec le système français.

L'Éthiopie, qui fut chrétienne avant la France, se veut laïque elle aussi. Mais cela n'empêche pas 'omniprésence des religions dans toute la vie politique et sociale. Dans la salle d'attente de l'aéroport d'Addis Ababa sont diffusés . . . des versets de l'Épitre aux Corinthiens !

Mais tant le kémalisme—que Erdogan a de toute façon éteint—que le baasisme (jamais non plus totalement réalisé, en Syrie non plus qu'en Irak), ou même le bourguibisme qui demandait aux femmes de se dévoiler, devaient intégrer la prépondérance de l'islam, sous une forme ou sous une autre, même s'ils refusaient la charia. Dans les pays musulmans, les mots, les expressions, les habitudes d'inspiration religieuse, et pas seulement dans les pays de langue arabe, sont si présents, qu'une laïcité à la française apparait très difficile à concevoir. La langue arabe est une langue sacrée.

S'il y a très peu de Républiques islamiques (Iran, Afghanistan, Pakistan et Mauritanie), le poids culturel de l'islam imprègne très fortement la vie sociale, culturelle, mais aussi politique des pays majoritairement musulmans. Pratiquement aucune conversation échangée ne peut se passer, sous une forme ou sous une autre, d'un

---

2. *Choix de textes de la pensée du fondateur du Ba'th*, La Albarreja, 1977.

hommage ou d'une allusion à Allah. Tout discours d'un dirigeant musulman commence par « Au nom de Dieu, clément et miséricordieux » . . .

De même, Léopold Sedar Senghor a voulu un Sénégal « laïque ». La Constitution n'a aucune référence religieuse. Mais il s'agissait pour lui, chrétien, de signifier que la forte majorité musulmane et la minorité chrétienne devaient vivre fraternellement, avec des droits égaux. La plupart des pays africains qui furent des colonies françaises y compris à forte majorité musulmane, comme le Mali, ont adopté des principes de laïcité. Mais ces principes se heurtent souvent au droit coutumier, toujours en vigueur. Et il s'agit de faire réussir la tolérance, non la laïcité.

Pays à très forte majorité catholique, les Philippines ne reconnaissent que le mariage religieux, le ou la mariée se contentant d'aller porter à la mairie le certificat . . . Il est néanmoins possible pour les non-croyants de célébrer leurs noces en bonne et due forme en mairie.

Les monarchies sont de droit divin, et il en reste beaucoup. Le Japon en est, et c'est un exemple de liberté religieuse (article 20 de la Constitution de 1946), dans le cadre d'une séparation totale des Églises et de l'État (article 89), au point qu'aucune association religieuse, même caritative, ne peut recevoir le moindre subside de l'État, que la télévision ne peut laisser exprimer des religieux sur leur foi ! L'Arabie saoudite est le seul état au monde à interdire toute pratique d'une religion autre que l'islam, au motif que ce pays serait, lui-même, une grande mosquée . . ..

En Amérique latine, outre le Mexique, plusieurs pays comme le Chili tendent à une laïcité proche de la nôtre.

En France, le tabou de la prière

En France, non seulement il n'est pas question pour un chef d'État de prêter serment sur la Bible, ce qui est la règle dans de nombreux pays à majorité chrétienne, mais il n'est pas question de prêter serment du tout. La passation de pouvoir entre deux présidents n'a pas de rituel défini, sinon la proclamation solennelle des résultats par le président du Conseil constitutionnel. En général, les nouveaux élus choisissent des programmes résolument républicains, tel Mitterrand allant se recueillir au Panthéon, notamment sur les tombes de Schoelcher et de Jaurès, deux artisans de la laïcité.

Pourtant, chacun en convient, la Constitution de la Vé République fait du président un « monarque républicain », qui dispose de pouvoirs très larges, comme le droit de grâce.

En France, sous la République, le président se voit pratiquement interdire d'avoir des gestes, des paroles, des comportements religieux, ou perçus comme religieux. Aucun dirigeant français—ni Poincaré, ni Clemenceau bien sûr—n'assista au Tem Deum de Notre-Dame après la victoire le 17 novembre 1918 à Notre-Dame de Paris. Suite à la loi sur la séparation de l'église et de l'état, le gouvernement n'assistera pas au *Te Deum* donné à Notre Dame. Mmes Poincaré (femme du président de la République) et Deschanel (femme du président de la chambre des députés) n'étant pas membres du gouvernement pourront par contre y assister avait indiqué l'Élysée dans un communiqué. Un brin hypocrite et machiste !

Le général de Gaulle, chrétien convaincu et affirmé, en était d'accord, lui, après la libération de Paris. Mais en « politique », après la descente des Champs-Élysées, le 26 août, il refusa l'entrée de la cathédrale au cardinal-archevêque de Paris Mgr Suhard, qui avait été trop compromis avec Pétain. Finalement, ce fut un Magnificat, que le chef du gouvernement provisoire chanta à pleins poumons.

Il y eut de très rares exceptions à cette règle non-écrite, déconcertante à l'étranger. Toutes ont eu lieu juste avant ou juste après la seconde guerre mondiale. En mars 1938, plusieurs personnalités officielles, dont le ministre radical—souvent mis en avant par les « laïcistes »—, Jean Zay, assistèrent aux cérémonies marquant la fin des travaux à la cathédrale de Reims.

En février 1939, la Chambre des députés, unanime, a salué debout la mémoire du pape Pie XI, le principal hommage étant rendu par son président, le radical—et ancien chef du « cartel des gauches », dans le passé très anticlérical—Édouard Herriot. Quelques mois plus tard, Édouard Daladier, président du Conseil, radical lui aussi, fit un message de Noël « d'espérance », alors que la guerre était déclarée. Les radicaux, souvent libres penseurs ou francs-maçons, ont été, et demeurent pourtant, des laïques fervents, très militants. Ainsi, le Parti radical de gauche (PRG) va-t-il tenté récemment de faire inscrire la loi de 1905 dans la Constitution.

Autre geste, Albert Lebrun, président de la République, alla s'incliner devant la dépouille du cardinal Verdier, archevêque de Paris, en février 1940, et se signa.

Plus récemment, la France laïque s'est manifestée avec ampleur lors de la disparition du pape Jean Paul II, en avril 2004. Non seulement, il y eut des messages des dirigeants, un hommage du Parlement—moins fort que pour Pie XI—mais le président Jacques Chirac se rendit personnellement aux obsèques, ce qui est une première historique.

Dans l'histoire de la République, les présidents parlaient peu religion. Il y avait une chapelle à l'Élysée où se recueillait souvent le deuxième président, Patrice de Mac Mahon. Paul Deschanel, qui eut un destin malheureux, étant frappé de folie peu après son accession à la magistrature suprême (1920) était un catholique convaincu.

Gaston Doumergue fut, de 1924 à 1931, le seul président protestant de l'histoire. Mais il n'en faisait pas état, ou très peu.

Vincent Auriol, premier président de la IVe République, d'éducation catholique, était socialiste et agnostique. Il supprima tout bonnement la chapelle de l'Élysée, qui n'était du reste plus utilisée pour le culte. Son successeur, René Coty avait milité dans des associations chrétiennes. Son épouse Germaine, qui décéda pendant le mandat de son mari, fut considérée comme une « sainte » par son engagement catholique et ses actions de bienfaisance. Mais elle était discrète. Sous la Ve République, De Gaulle fit aménager une petite chapelle où la messe était célébrée. Il semble que Jacques Chirac aurait aimé que Jean-Paul II y célébrât la messe, en 1997. Cela n'arriva pas. Le pape était-il plus laïque que le président ?

En tout cas, tous les présidents de la Ve République se sont déclarés chrétiens, hormis Mitterrand et François Hollande, tous deux agnostiques, mais très imprégnés de culture chrétienne -Mitterrand déclarait dans ses derniers vœux aux Français « je crois aux forces de l'esprit ». Il n'y eut jamais rien d'ostentatoire . . .

Nicolas Sarkozy, qui fut aussi le premier président divorcé, transgressa un peu la tradition, en clamant à Rome, en tant que Chanoine de Latran (et oui, entorse à la laïcité, le président de la République demeure chanoine de Latran, mais aussi co-prince d'Andorre) que le prêtre était « supérieur à l'instituteur ».

Début 2017, la France a connu une campagne électorale où la question religieuse s'est imposée, et où le candidat de la droite François Fillon a utilisé son appartenance au catholicisme comme argument de campagne.

Élu en mai, l'actuel président, Emmanuel Macron est un converti. Il n'en fait pas mystère, mais ne veut en tirer aucune conclusion :

> Je me suis fait baptiser à l'âge de 12 ans. C'était un choix personnel, ma famille étant de tradition plus laïque. Je l'ai fait au moment de mon entrée à la Providence, une école de jésuites d'Amiens, qui m'a apporté une certaine discipline de l'esprit et une volonté d'ouverture au monde. Après, j'ai moins pratiqué . . . Aujourd'hui, j'ai une réflexion permanente sur la nature de ma propre foi, mais j'ai suffisamment d'humilité pour ne pas prétendre parler à Dieu. Mon rapport à la spiritualité continue de nourrir ma pensée mais je n'en fais pas un élément de revendication.

Il continue :

> Le politique doit préserver le cadre de neutralité des pouvoirs publics et pour chacun l'exercice libre de la spiritualité, y compris celle qui consiste à ne pas croire. Mais chaque individu est libre de croire de manière très intense. Je ne demande à personne d'être discret dans sa pratique religieuse, ou modéré dans ses convictions intimes. Mais en tant que citoyen, l'attachement aux règles républicaines est un préalable. C'est notre socle commun. [. . .] Ceux qui veulent réduire l'histoire de France à l'affrontement entre un monothéisme et d'autres religions font fausse route, tout comme ceux qui veulent lutter contre toute forme de spiritualité. Je ne crois ni à la République érigée en croyance religieuse ni à l'éradication des religions. »[3]

Élu président, dans son discours du 22 septembre pour les 500 ans du protestantisme, M. Macron a pu briser un tabou, parler clairement de Dieu et de la foi, en saluant l'œuvre de la Réforme comme un « geste de la foi », qui fut aussi « un des plus grands ébranlements

3. *La Vie* (19 avril 2017).

dans les combats pour la liberté, l'esprit critique, l'indépendance religieuse », réalisés « au nom d'une certaine idée de la foi, de la relation de l'homme à Dieu », au point que « le sang du protestantisme coule dans les veines de la République ».

« La République reconnaît votre foi », a-t-il ajouté. La laïcité—qu'il fait remonter non à la loi de 1905, mais à l'édit de Nantes—« ce n'est pas une religion d'État, c'est une exigence politique et philosophique ; ce n'est pas la négation des religions, c'est la capacité de les faire coexister dans un dialogue permanent ». Et de citer Paul Ricœur qui regrettait « une laïcité d'abstention aux dépens d'une laïcité de confrontation ». Pour lui, la foi, la religion ne sont pas un obstacle à la liberté, aux progrès, mais au contraire « les irriguent », selon la formule qu'il a utilisée.

Prier, lors de catastrophes, d'attentats ou de deuils, est inconcevable pour un président français, cela semblerait incongru, alors que c'est chose courante aux États-Unis, en Allemagne, en Angleterre, en Espagne, et dans pratiquement tous les pays au monde, quelle que soit la religion. Un président français choisira des termes puisés dans le vocabulaire républicain, laïque. Il parlera « d'atteinte aux valeurs de la République », de notre « socle commun », de « crimes inhumains », de « morale ».

Ce « tabou », cette difficulté à prononcer le nom de Dieu ou à exprimer sa foi ou sa religion par des gestes a imprégné la société française. Il est de plus en plus rare, depuis une trentaine d'années, que des personnalités publiques parlent de leur foi. Certains artistes, certains intellectuels le font ; ce sont des exceptions. Jusqu'en 1980, les soirées de Noël à la télévision publique évoquaient Jésus, l'exemple qu'il est, et permettaient à des invités d'exprimer sa naissance même, alors que sur presque tous les terrains du monde, les sportifs se signent, ou remercient Dieu à leur façon après un but, une victoire, ce comportement est plus rare, considéré comme inapproprié en France, comme un accroc à la laïcité… De même, des joueurs musulmans se font sanctionner lorsqu'ils font leurs prières, au vu des autres. « C'est une affaire privée ».

Pourtant, le président Macron a failli bénir le cercueil de Johnny Hallyday lors des obsèques très médiatisées du chanteur, le 9 décembre 2017—jour d'anniversaire de la loi 1905.

Les recensements et statistiques religieux interdits

Autre spécificité typiquement française, qui a du reste précédé la laïcité, les recensements et même les statistiques religieux sont interdits en France depuis le dernier qui a eu lieu, en 1872. Une loi de 1978 a confirmé cette interdiction, établissant des dérogations pour des Instituts de recherche, en particulier pour pouvoir lutter contre les discriminations selon la loi de 1978. Une décision du Conseil constitutionnel de 2007 proscrit « l'introduction de variables de race ou de religion dans les fichiers administratifs ».

Avant le recensement de 1872, il y en eut en 1831 (sous la Monarchie de juillet), en 1841, 1851 et 1866. Celui de 1872, en période de gestation de la Troisième République, on dénombrait sur 36,1 millions de Français, 35,39 millions de catholiques, soit 97,5%° de la population, 580.000 protestants (réformés, luthériens et « autres », soit 1,6%), 49.400 israélites (0,14%), 3000 « autre » (musulmans, bouddhistes?) et 82.000 « sans culte », ce qui peut inclure les athées, les agnostiques mais peut-être également des musulmans non comptés comme tels parce qu'il y avait déjà une immigration algérienne en France.

Bien sûr, tous les chrétiens, catholiques ou protestants, n'étaient pas forcément pratiquants. Depuis lors, il n'y a que des sondages ou des études journalistiques qui, eux, sans prétention de valeur scientifique, posent la question de la pratique.

Si la déchristianisation s'est avérée une évidence, 1975 apparait comme l'année charnière. Après la décennie qui a suivi le Concile Vatican II et qui avait vu une reprise de la pratique religieuse catholique, il y a eu une forte déchristianisation.

Les années 70, c'est aussi celle où l'immigration venue d'Afrique du nord, essentiellement musulmane, devient plus nombreuse, en raison surtout du regroupement familial autorisé par le président Valéry Giscard d'Estaing. C'est alors ce qui fut appelé la « deuxième génération » des immigrés. Jusqu'ici, les ouvriers venaient très majoritairement seuls, dans des foyers, revenant au pays pour les vacances, tous les ans, ou tous les deux ou trois ans.

Selon une étude IFOP, datant de 2010, 65% des Français se déclaraient catholiques en 2010 (soit plus de 40 millions, loin devant l'islam).

Mais seulement 7% des catholiques—et 4,5% des Français, contre 20% des Français en 1972—étaient considérés comme « messalisants », se rendant à la messe au moins une fois par mois. Plus frappante encore est la montée de l'athéisme et de l'agnosticisme. Une enquête Win-Gallup international, mentionnée dans *Le Monde* du 7 mai 2016, assure que 29% des Français (sondés) sont des « athées convaincus », que 34% disent n'appartenir à aucune religion. Ainsi, une majorité de Français ne se réclameraient ni du christianisme, ni de l'islam, non plus que d'aucune autre religion.

La France serait le quatrième pays « athée » du monde, derrière la Chine, le Japon et la République tchèque (59% des habitants de la planète se disant croyants).

Si un christianisme « populaire » s'est pratiquement effondré, y compris dans l'Ouest de la France, les chrétiens, devenus minoritaires, sont sans doute plus fervents, plus conscients, plus motivés.

La montée de l'islam en France

La religion musulmane, qui avait été oubliée par la loi de séparation, prend racine et se développe en France. Les mosquées étaient alors rares. Il y avait eu la venue de 200.000 Algériens pendant la guerre de 1914–1918, pour combattre ou remplacer au travail les soldats français partis eu front. Puis, la grande mosquée de Paris, construite précisément en hommage aux Algériens combattants, a été inaugurée en 1926. Elle fut payée par l'État français. Il y en avait de rares en province, une centaine, soit environ une par département.

Dans les années 1960–1970, les boucheries détenues par des musulmans proposaient de la viande halal, mais cela figurait rarement sur leurs devantures. Il n'y avait pas de demande de menu spécial dans les cantines des écoles, ou, s'il y en avait, cela ne posait pas de problème. Aujourd'hui, il y a 2500 mosquées ou salles de prières agréées.

En 2017, la population musulmane serait de 4,7 millions de personnes en France, selon les sondages et projections communément admis. Il faudrait plutôt dire de culture ou de de naissance musulmanes, car tous n'ont pas forcément la foi,—comme ceux étiquetés chrétiens—et tous ne se revendiquent pas comme tels. Ces 4,7 millions sont les immigrés ou des enfants d'immigrés venus de pays musulmans . . ..

La France compte donc la communauté musulmane la plus importante d'Europe. Elle compte aussi les majorités juive et arménienne les plus nombreuses du Vieux continent. « Cela serait bien utile de disposer de chiffres fiables pour mesurer les besoins en mosquées et ministres du culte », a affirmé dans un rapport sénatorial en 2015 le député André Reichardt, rapporteur d'une Mission sur ce sujet. Selon lui, il n'y a « aucun obstacle à de telles statistiques si des garanties adéquates sont prises, comme l'absence de tout registre nominatif ». Voire.

La tentative d'annihilation de la foi toujours vaine

Des religions ont été souvent persécutées, en particulier le christianisme sous l'empire romain, mais la notion de Dieu, ou de dieu, ou d'un dieu qui soit en lien avec l'homme, en qui l'être humain puisse croire ou s'adonner, a été rarement combattue. L'être suprême de Robespierre n'était pas une négation de Dieu, mais une tentative d'en substituer un nouveau à celui qu'adoraient les chrétiens. Après l'exécution de son rival Danton (le 5 avril 1794), Robespierre veut parachever la déchristianisation du pays, tout en combattant l'athéisme et plaidant pour l'immortalité de l'âme . . .

Mais, il veut une France vertueuse, égalitaire, une société rousseauiste. D'où l'idée de célébrer le 8 mai—cette année-là jour de la Pentecôte !—un culte à « l'être suprême », divinité sans visage et sans nom. Ce fut un splendide cortège emmené par l'Incorruptible des Tuileries aux Champs de Mars. Cela frisa parfois le ridicule. Robespierre mourut peu après. La tentative fut vaine et eut fort peu de suite, la Constitution du 3 brumaire an IV (25 octobre 1795) ne l'intégrant pas dans les fêtes nationales de la République.

En créant un « homme nouveau », les sociétés communistes voulaient certes, s'inspirant de Karl Marx, le libérer de Dieu. Les différentes constitutions de l'URSS et des « démocraties populaires » reconnaissaient la liberté religieuse. Il y avait même un parti chrétien démocrate en République démocratique allemande qui participait au pouvoir. Mais elles autorisaient la propagande athée. Convertir à l'athéisme était encouragé. Convertir au christianisme ou à l'islam était dangereux . . . Néanmoins, l'URSS et les autres démocraties populaires, si elles ont réprimé les croyants, et souvent persécuté les Églises, si, en Roumanie et en Ukraine, les catholiques de rite byzantin ont été contraints d'intégrer l'Église orthodoxe, un seul pays, l'Albanie a totalement interdit toute pratique religieuse, fermé toutes les églises sans exception, emprisonné, parfois exécuté, ses clercs. Enver Hodja et ses fidèles ont conçu, ont voulu un monde sans Dieu. De même la Chine pendant quelques années de la révolution culturelle, entre 1966 et 1976, a interdit tout culte, fermant pagodes, temples taoïstes, et églises chrétiennes.

Mais Mao Zedong n'était-il pas vénéré comme « le grand timonier », « le professeur » à qui les jeunes Chinois devaient souhaiter « dix mille fois dix mille ans de vie » ? Enver Hodja, en Albanie, et Nicolae Ceausescu en Roumanie furent l'objet de cultes de la personnalité d'une ampleur inégalée. Le « petit livre rouge » de Mao tenait lieu d'évangile. Un homme divinisé imposait sa vision temporelle et spirituelle.

Le communisme, et ses différentes variantes, s'est affirmé comme une religion, avec ses dogmes, sers rites, sa théologie. Le parti fonctionnait comme une Église. Les gens « y entraient » ou non. En embaumant son corps, il s'agissait d'immortaliser, d'éterniser « la mémoire » de Lénine, selon la formulation officielle. Les questions les plus intimes, finales de l'homme étaient soumises au parti, réglé par le parti.

Ces tentatives d'annihiler, d'éliminer, même parfois en douceur, la foi et la religion, ont complètement échoué. Cela a donné une renaissance exceptionnelle à la foi et à la pratique religieuse. Dans ce qu'on a appelé la « chute du communisme », il est évident que les églises chrétiennes ont joué un grand rôle, un rôle décisif, en particulier en Pologne, avec l'influence du pape polonais Jean-Paul II, qui voulait guérir de la peur, en RDA, et en Roumanie où églises et temples étaient des lieux de réunion pour les opposants.

En France, la révolution, au départ, n'a nullement cherché à combattre la religion, mais à retirer de son pouvoir à l'Église, à organiser le serment civil du clergé. Les inspirateurs, les philosophes des Lumières, Rousseau, Voltaire, Diderot étaient déistes, non athées, de même que Washington, Jefferson etc . . . Parmi les révolutionnaires français influents, seul Jacques-René Hébert était ouvertement athée.

Une nouvelle forme de volonté de nier Dieu fut le positivisme d'Auguste Comte. C'est un courant philosophie qui se réclamait des Lumières et qui a inspiré Jules Ferry, et, semble-t-il Jaurès lui-même. Pour les positivistes, le processus historique mène vers la véritable rationalité scientifique ou positive. Sa philosophie des sciences part des mathématiques et mène aux sciences politiques. C'est le culte de l'empirisme et du progrès. Théologie, métaphysique, recherche du sens sont secondaires, Pas de place pour la religion et le sentiment religieux. Ils s'apparentent à la superstition ......

Souvent apparenté, à tort, aux positivistes, car assez spiritualiste, Ernest Renan, s'interrogeait sur la foi et l'humanité :

> La foi sera toujours en raison inverses de la vigueur de l'esprit et de la culture intellectuelle. Elle est là, derrière l'humanité, attendant ses moments de défaillance, pour la recevoir dans ses bras et prétendre ensuite que c'est l'humanité qui s'est donnée à elle.[4]

L'Église dans la révolution

L'histoire retient surtout que l'Église était l'alliée de la monarchie « de droit divin », et que le pape Pie VI condamna globalement les révolutionnaires. C'est aller bien vite en besogne. Des chrétiens ont joué, au nom de leur foi, un rôle déterminant dans la révolution. Il en est ainsi d'un prêtre lorrain, puis évêque constitutionnel de Tours, Henri Grégoire, qui fit en sorte que le clergé,—tout comme la noblesse—rejoignit le tiers-état en juin 1789 pour créer « l'assemblée nationale constituante », au grand dam du roi, qui n'y pouvait mais. Il fit reconnaître le droit des juifs (en septembre 1791), plaida avec la plus grand vigueur la cause des noirs, et obtint l'abolition de l'esclavagisme. Tout cela au nom de sa foi chrétienne, qu'il n'a jamais abandonnée. Bien sûr, il fut parmi les prêtres qui prononcèrent la Constitution civile du clergé (le 12 juillet 1790), devenant schismatique aux yeux du pape Pie VI, qui la condamnera. Comment ignorer également l'abbé Emmanuel-Joseph Sieyès, le plus grand défenseur du tiers état ? Certains ont mis en doute la foi de Sieyès. Lui-même ne l'a jamais parjurée.

4. Ernest Renan *L'Avenir de la science* (1848).

Sans doute les prêtres réfractaires étaient-ils plus nombreux (quoi qu'une majorité revinrent dans le girons de l'Église quelques mois ou quelques années après). Mais certains d'entre eux, très hostiles à la Constitution civile du clergé ont admis la légitimité du pouvoir révolutionnaire, tel Pierre-Joseph de la Clorivière, prêtre breton, qui se proclama « religieux du monde », et mena une vie ardente, mais clandestine, de pasteur chrétien, au service des pauvres. C'est lui restaura la Compagnie de Jésus en 1814. Il est, comme l'abbé Grégoire, un inspirateur du christianisme social.[5]

Mais il y avait bien d'autres courants dans la révolution, qui combattaient implacablement la religion. Louis Charles de la Lavicomterie, député proche de Robespierre, dont le rôle a été décisif pour éliminer Danton, pourfendit non seulement, avec une violence verbale rarement égalée, l'Église catholique qu'il qualifie de « secte stupide », mais la religion elle-même. Il fut outrancier au point de traiter tous les papes de criminels, y compris saint Pierre ! Érudit et bon écrivain, il nia les persécutions chrétiennes sous Néron et Dioclétien. Tous les débats théologiques sont « ridicules », assure-t-il.

> Il est temps de détromper les hommes, de les arracher à l'erreur à laquelle des fourbes barbares semblaient les avoir condamnés pour jamais. Il est temps de leur dire que cette religion, que cette secte tant révérée, qui a fait couler des torrents de sang dans les quatre parties du monde, qui les a couvertes des membres, des cadavres déchirés de leurs frères, est la fille grossière, monstrueuse et défigurée de toutes les rêveries grecques, romaines, égyptiennes, indiennes, est la fille de toutes les impostures qui ont fait le tour du monde. Elles ont disparu, elle disparaitra de même quand les humains seront éclairés sur leurs vrais intérêts, sur ce qui importe à leur bonheur disparaitra [. . .] ils mettront la morale éternelle, sans laquelle le monde n'est qu'un tas lamentable de crimes, de ridicules et de calamités.

Il reproche à Luther et Calvin d'avoir seulement « élagué l'arbre » de l'Église « alors qu'i fallait l'arracher et mettre à sa place le catéchisme

5. Il inspira notamment Antoine Lejay, militant de la JOC et de plusieurs mouvements associatifs, de la gauche chrétienne, proche de l'abbé Pierre et de Jacques Delors (Antoine Lejay, *La foi d'un citoyen*, (Desclée de Brouwer, 2004).

respectable du genre humain : le code, le livre de la morale, qui est ouvert depuis que le besoin, depuis que la nature a rassemblé deux hommes ». Le « catéchisme », le « livre de la morale ».[6] Sans religion, mais aussi sans Dieu.

Puis il y eut, avec Robespierre, le culte de l'être suprême qui prend les oripeaux de la religion, ses rites, ses codes, mais n'évoque pas l'Évangile.

Nier la religion, c'est notamment établir un calendrier révolutionnaire, avec des mois divisés en trois décades, donc sans dimanche, sans jour défini pour la messe. Sans saints aussi. Il n'y a plus d'ère chrétienne, mais une ère républicaine. « Nous avons pensé que la nation, après avoir chassé cette foule de canonisés de son calendrier, devait y trouver en place les dignes objets, sinon de son culte, au moins de sa culture, les utiles productions de la terre, des animaux domestiques etc. », explique le 5 octobre 1793 Fabre d'Églantine.

La culture et l'utilité remplacent le culte. Henri Grégoire, toujours lui, salua comme une « sublime résistance », le refus de nombreux prêtres et paroissiens de participer aux fêtes décadaires, ou « décadis », constitués sous le Directoire, et qui rendaient hommage à l'être suprême « au genre humain », à « la République », à « la piété filiale », à « l'agriculture », à « l'industrie » . . . mais à grand jamais à Dieu . . .

La Terreur, les massacres de septembre 1792 contre les prêtres, la répression sans pitié du Directoire, la déportation à l'ile de Ré et en Guyane, la fermeture des monastères et la guerre de Vendée provoquèrent des massacres de chrétiens.

Le 21 févier 1795, c'est une première Loi de séparation des Églises et de l'État. Si elle sera éphémère, elle est plus dure que celle qui prévaudra en 1905. Son premier article ne parle pas de liberté, mais dispose que « l'exercice d'aucun culte ne peut être troublé ». « La République n'en salarie aucun (de culte) », dit l'article 2. « Elle ne fournit aucun local ni pour l'exercice du culte, ni pour le logement des ministres » (article 3). « Les cérémonies de tout culte sont interdites hors de l'enceinte choisie pour leur exercice ».

---

6. *Les crimes des papes depuis saint Pierre jusqu'à Pie VI*. Éditions Bureau des révolutions de Paris, 1792.

Le Concordat

Il fallut attendre le Consulat, avec Sieyès et Bonaparte et le Concordat signé avec Pie VII en 1801 pour que l'Église puisse se réorganiser, et que les chrétiens y voient clair. Mais il n'était nullement question de laïcité. Le Concordat reconnaissait le catholicisme comme la religion « de la majorité des Français », limitait plus encore que celui de Bologne l'autorité papale. L'État nommait les évêques. Mais il fallait le préaccord du nonce apostolique, donc du pape. Il payait les prêtres. Mais des articles de la « déclaration gallicane » étaient intégrés. C'était une demi-victoire pour le gallicanisme.

Les protestants, luthériens et réformés, (en 1802) puis les israélites (en 1808), sous l'Empire, bénéficièrent du régime concordataire. Puis, après une restauration incarnée par trois rois, Louis XVIII et Charles X, frères de Louis XVI, et enfin Louis-Philippe qui cherchèrent et s'assurèrent l'alliance de l'Église, ce fut la Révolution de 1848.

1848 : chrétiens dans la révolution

Si, sous la Restauration, l'Église institutionnelle (le catholicisme « religion d'État », sous Charles X) soutint majoritairement la monarchie, en 1848, ce n'est pas du tout le scenario de 1790 et 1792. Un compromis s'est trouvé bon an, mal an, entre prêtres assermentés et Réfractaires. Et une génération a passé. Une génération, voire deux. L'Église avec le courant de Félicité Lamennais, a bougé. Son mouvement L'Avenir, qui réconciliait Église, peuple et démocratie, entraînant des hommes comme Lacordaire, Montalembert, a certes été condamné dans l'encyclique *Mirari vos* de Grégoire XVI en 1832, a exercé une influence considérable.

Les chrétiens, en tant que chrétiens, se lancent dans la bataille républicaine et démocratique en 1848 ; Alphonse de Lamartine est membre du premier gouvernement. Philippe Buchez, qui s'est converti à l'âge adulte, est le premier président de l'Assemblée républicaine.

« Les principes de liberté, d'égalité, de fraternité ne sont pas nouveaux pour le clergé, car tous les ministres de Jésus-Christ ont dû les enseigner depuis 18 siècles », écrit l'évêque d'Agen, Mgr de Vezins, dans *L'Univers*, le journal ultramontain de François Veuillot.[7]

L'archevêque de Paris, Denys Affre, amical pour la République, et gallican, assez mal considéré à Rome, se sacrifie, le 26 juin, après être descendu dans la rue pour s'interposer entre ouvriers et forces de l'ordre.

Là, ce ne sont plus des prêtres marginaux ou assermentés, c'est un évêque de l'Institution, qui est honoré par la Révolution et par la République pour son courage.

« En France, le mouvement ouvrier de 1848 était animé d'une flamme chrétienne, si fumeuse que fût parfois celle-ci. La bourgeoisie libre-penseuse a écrasé à la fois ce mouvement et cette flamme ; et la puissance sociale de la religion a joué alors en faveur de la bourgeoisie, comme elle avait joué auparavant encaveur de la politique du trône et de l'autel », clarifie le philosophe chrétien Jacques Maritain.[8]

La Commune contre l'Église

La France connut une nouvelle révolution, au printemps 1871. Ce fut la Commune de Paris, qui, de mars à fin mai, géra de façon révolutionnaire la ville de Paris, reprenant le calendrier républicain, et s'opposant aux « Versaillais », le gouvernement qui avait accepté de payer une forte dette aux Prussiens, vainqueurs de l'empire de Napoléon III qui s'était effondré. La République avait été proclamée le 4 septembre, unie troisième fois. Mais la Commune, c'était autre chose. Paris voulait renouer avec 1789. Et une des premières mesures fut le décret du 3 avril, séparant l'Église (uniquement l'Église catholique est citée) et l'État. Une grande majorité des conseillers de Paris étaient très anticléricaux, et francs-maçons. Une des pires atteintes à la paix religieuse fut sans doute la décision de construire le Sacré Cœur de Montmartre en signe d'expiation des crimes de la Commune. Pour la dernière fois sans doute, l'Église était intimement

7. *L'Univers*. 18 mars 1848.

8. *Christianisme et démocratie*, page 25.

associée aux forces antirévolutionnaires. Petit signe : une des rues attenantes s'appelle . . . rue du chevalier de la Barre !

Le mot « laïc » commence son glissement sémantique. L'école demeurant un lieu de pouvoir pour l'Église, contesté par les révolutionnaires, est le premier et sera longtemps le seul, puis restera le principal domaine du « combat laïque ».

La querelle religieuse

Dépossédée par la Révolution d'une partie de son influence, l'Église garde le pouvoir de l'enseignement. Et elle agit désormais sur ce terrain, presqu'exclusivement jusqu'aux lois Ferry, et toujours obstinément jusqu'à l'abandon du projet Savary de grand service public de l'enseignement en 1984. Déjà sous la IVe République, la loi Béranger favorable à l'enseignement privé, puis, en 1959, la loi Debré créant les « contrats d'association » entre l'État et des écoles privées, y compris confessionnelles, et attribuant des fonds publics à ces écoles, avaient un peu réveillé les esprits. Les écoles privées, y compris confessionnelles, peuvent obtenir des subventions publiques. Depuis la loi Gueurmeur de 1977, les communes y contribuent.

En 1984, un million de personnes, « de droite », sans doute, sont descendues dans la rue pour s'opposer au projet Savary. Mitterrand céda facilement. Le projet fut retiré. Le Premier ministre Pierre Mauroy démissionna ; les communistes n'intégrèrent pas le gouvernement de son successeur, Laurent Fabius, sans du reste que ce recul sur une question apparentée à la laïcité ne soit l'essentiel de la rupture.

Il n'a jamais été dans les intentions du rapporteur de la loi, Aristide Briand, de faire de la loi de décembre 1905 un outil contre la religion. En pleine période combiste, le 26 novembre 1903, Marc Sangnier, l'animateur du Sillon, mouvement démocratique, républicain, et chrétien mettait en garde :

> Pour beaucoup d'anticléricaux actuels, les questions sociales, l'évolution de la démocratie, la poussée de la vie démocratique, cela n'a pas grande importance : ce sont les politiciens à courte vue qui essaient de garder une majorité mal consolidée

en faisant de l'anticléricalisme. Ils ne se sentent pas toujours capables de réaliser les réformes, mais ils entendent rester unis, au moins un instant en mettant les moines hors la loi, en faisant la guerre aux curés [. . .] Je vous prends à témoin, camarades ! Je suppose que vous ne voulez pas que, dans un pays divisé comme le nôtre au point de vue des croyances, on puisse se servir de la force de la loi pour favoriser une doctrine religieuse en essayant d'en écraser une autre. De même que vous ne voudriez pas d'un «gouvernement de curés» qui forcerait à aller à la messe, de même vous ne voulez pas d'un gouvernement de francs-maçons qui essaie d'empêcher d'y aller.[9]

9. « *La vie démocratique* », *discours de Marc Sangnier. Contradiction à M. Ferdinand Buisson* (Éd. Au Sillon).

Chapitre V
La laïcité dans le droit et dans la tourmente

La laïcité dans la Constitution de 1946

L'article 1er du Titre 1er de la Constitution de la IVe République, promulguée le 27 octobre 1946, définit la France comme « une République indivisible, laïque, démocratique et sociale. ».

> Au lendemain de la victoire remportée par les peuples libres sur les régimes qui ont tenté d'asservir et de dégrader la personne humaine, Le peuple français proclame à nouveau que tout être humain, sans distinction de race, de religion, de croyance, possède des droits inaliénables et sacrés. Il réaffirme solennellement les droits des libertés de l'homme et du citoyen consacrés par la Déclaration des droits de 1789 et les principes fondamentaux reconnus par les lois de la République », affirme le préambule, qui est toujours en vigueur constitutionnellement sous la Ve République.

C'est Maurice Guérin, député MRP, fervent chrétien, un ancien du « Sillon » qui avait fait voter l'amendement, par 272 voix contre 263, la gauche ne le votant pas, par crainte de la réaffirmation de la liberté de l'enseignement religieux. Le MRP, fondé pendant la Résistance essentiellement par des chrétiens proches de Marc Sangnier—qui en fut le président d'honneur—était à la tête du gouvernement pendant l'élaboration et le vote de cette Constitution. Il fut improprement qualifié de « démocrate-chrétien », ne se revendiquant jamais de cette étiquette, et comptant en ses rangs des militants de toutes confessions et des non-croyants.

Sur le mot « laïque », en 1946, néanmoins, tout le monde était d'accord. « Il est vrai qu'on reproche au projet de reconnaître que la République est laïque. Qu'on se rassure : ce mot a été admis par l'Assemblée à l'unanimité, PRL (droite, alors très minoritaire, note des auteurs), compris », se félicite le MRP Robert Lecourt.[1] Les députés communistes ont particulièrement insisté sur l'introduction de ce mot.

La Constitution de la Vème République du 4 octobre 1958 reprendra cette formule dans son article 1er : « La France est une République indivisible, laïque, démocratique et sociale. Elle assure l'égalité devant la loi de tous les citoyens sans distinction d'origine, de race ou de religion. Elle respecte toutes les croyances. »

Normalement, cette victoire définitive, dans les textes en tout cas, des principes républicains, dont la laïcité, devait être un apaisement. Elle l'est restée jusqu'à ces dernières années.

La question musulmane

La loi de 1905 est un compromis entre religieux et non religieux. Il n'est pas question de privilégier une religion en particulier, ni même de tenir compte du fait qu'une majorité de Français sont catholiques.

Or, dans les années 2010, il y a ce sentiment que la laïcité est utilisée par un courant de pensée, offensif, qui entend ne s'en prendre qu'à la religion musulmane, la deuxième religion de France et celle d'un grand nombre d'immigrés, non seulement venus des anciennes colonies françaises d'Afrique noire et du Maghreb, mais de Turquie, du Soudan, du Pakistan, d'Inde . . . L'islam est jugé incompatible avec la République, au motif que la loi religieuse, pour nombre de musulmans, l'emporterait sur les lois civiles. Sans doute, toute vision religieuse apparaît-elle au croyant comme d'essence supérieure aux choses terrestres. Il n'empêche que la loi s'applique à tous pareillement, et qu'il n'est pas besoin de recourir à un rejet systématique d'une religion, l'islam en l'occurrence, pour imposer l'état de droit.

Ce courant, que l'on trouve à l'extrême-droite et dans divers courants de la gauche, combat essentiellement l'islam., en se basant sur des actions, sur des crimes, sur les exactions de l'état islamique,

1. *L'aube*, 10 octobre 1946.

d'organisations criminelles ou de pays musulmans, en particulier contre les chrétiens en particulier.

Dans les années 1980 est monté le lepénisme. Tout en s'entourant de chrétiens intégristes, Jean-Marie Le Pen n'avait de cesse de dénoncer l'islam et les musulmans. Chacun de ses meetings commençait par une allusion, provoquant un ricanement et les applaudissements de la salle, par une évocation d'un « Mohamed », certes imaginaire, mais toujours bien là, et qui était présenté comme venant troubler la vie des « bons Français ».

Depuis une dizaine d'années, sous couvert de combat pour la laïcité, les penseurs modernes ne dénoncent jamais que l'islam, et finalement les musulmans. Il est évident que l'État islamique, ou al-Qaïda, ou Boko Haram prétendent incarner un islam « pur », qu'ils se revendiquent de l'islam, comme les Inquisiteurs ont pu se prévaloir de l'Évangile . . ..

Si ces penseurs seraient bien en peine de citer un verset du Coran, un hadith préconisant des meurtres de masse, aveugles, il est de fait que l'islam est interrogé. Il manque une autorité sinon centrale, du moins acceptée, et travaillant collégialement, permettant un *aggiornamento* de la religion musulmane. L'université al-Azhar, en Égypte, y prétend, mais elle n'y parvient pas. Les divisions entre sunnites et chiites, entre les divers courants sunnites, y compris au sein des wahhabites, mais aussi, sinon plus, les intérêts divergents d'États—Iran et Arabie saoudite notamment—empêchent que les musulmans parlent d'une même voix. Certes, toutes les autorités musulmanes reconnues, tous les gouvernements musulmans condamnent les attentats, avec la plus grande force. Mais ces condamnations ne portent pas dans l'opinion occidentale.

Depuis la naissance de l'État islamique, en 2014, la France et d'autres pays d'Europe et du monde, comme l'Espagne, la Belgique, l'Angleterre, la Russie mais aussi le Burkina Faso et d'autres pays africains ou asiatiques, sont frappés d'une vague d'attentats d'une cruauté inouïe, frappant des civils et des militaires. L'attentat contre Charlie, l'Hypercasher, puis Le Bataclan, le Grand Stade de Saint-Denis, les attentats de Nice, le meurtre du père Hamel, celui de Barcelone et des dizaines d'autres ont fait des centaines de morts en deux ans et demi.

Ces attentats ont ceci de nouveau, et d'effrayant, qu'ils ne servent pas une cause. L'ETA frappait pour obtenir un État basque ; les mouvements de libération ont tous commis des attentats. Avec un but précis. Les méthodes n'étaient jamais nobles, la cause pouvait l'être. En tout cas, elle était précise.

Mais ces effroyables attentats contre des salles de spectacle, un magasin casher, un défilé du 14 juillet, des églises, ne peuvent que provoquer dégoût et peur.

Observatoire de la laïcité et polémiques

La laïcité fait tellement question que c'est depuis quelques années une course à qui sera le plus authentiquement laïque. Cette laïcité se voit interdire tout qualificatif : « ouverte », « moderne ». C'est comme un absolu. Elle ne se définit pas, elle ne se conjugue pas . . .

Pendant son quinquennat (2012–2017), marqué par les dramatiques attentats, François Hollande s'attache à faire préciser les règles de la laïcité. Sans toucher aux lois, il veut que cette valeur républicaine soit mieux comprise et mieux admise des Français. Qu'une sorte de sagesse s'impose dans le vacarme des débats.

En 2013, il lance l'Observatoire national de la laïcité,—créé en 2003 par Jacques Chirac, mais resté une coquille vide—et nomme à sa présidence Jean-Louis Bianco, ancien secrétaire général de l'Élysée et ancien ministre socialiste. La mission de cet Observatoire, est d'assister le gouvernement dans son action visant au respect du principe de laïcité dans les services publics. Il produit des analyses, des études, des recherches « permettant d'éclairer les pouvoirs publics sur les enjeux liés à laïcité ». Il peut notamment « proposer au Premier ministre toute mesure de nature à mieux mettre en œuvre le principe de laïcité, notamment pour assurer l'information des agents publics et des usages des services publics ».

Bref, l'Observatoire se veut un outil d'analyse, de réflexion. Il fournit des guides sur le fait religieux utiles à différentes professions, qui se sentent démunies contre des évolutions rapides et déroutantes, où le religieux, dans le comportement de beaucoup de personnes musulmanes, prend une place considérable dans différents aspects de la vie quotidienne. Mais l'Observatoire est vite accusé par ses nombreux détracteurs « laïcards » de minimiser la « menace islamiste », d'être

« laxiste » vis-à-vis de l'intégrisme, et de surtout privilégier le dialogue, le « vivre-ensemble », alors qu'il faudrait combattre de front. Trois membres de l'Observatoire, dont l'ancien président du Grand Orient de France Patrick Kessel s'opposent véhémentement à la ligne Bianco. Ils veulent l'interdire le foulard à l'Université, et l'un d'entre eux demande aussi que les assistantes maternelles à domicile ne puissent plus le porter. M. Bianco ne juge « ni utiles, ni opportunes » de telles réformes.

Début 2016, une très vive polémique oppose M. Bianco au Premier ministre Manuel Valls (dont il dépend administrativement, malgré le statut d'indépendance de l'Observatoire), après la déclaration de Mme Badinter admettant l'islamophobie, que M. Nicolas Cadène, rapporteur de l'Observatoire, avait critiquée.

Valls, le 18 janvier, lors d'une réunion du Conseil représentatifs des institutions juives (CRIF), estime que l'Observatoire « dénature la réalité de cette laïcité ». Il faisait référence notamment à une tribune intitulée « Nous sommes unis », publiée au lendemain des attentats du 13 novembre, que MM. Bianco et Cadène avaient signée avec 80 personnalités, dont le président de la Fédération protestante de France et le grand rabbin de France, le président du Conseil du culte musulman, celui de la Ligue des Droits de l'homme, mais aussi—et c'est là que le bât blessait—avec des militants réputés proches des Frères musulmans, et surtout du Collectif contre l'islamophobie (CCIF). L'islamophobie devient un mot tabou.

A son tour, M. Bianco répond :

> Ceux qui dénaturent la laïcité, ce sont ceux qui en font un outil antireligieux, antimusulman, qui prétendent, ce qui est une monumentale erreur sur le principe même de la laïcité, que l'espace public est totalement neutre, comme si nous n'avions plus le droit d'avoir des opinions.

Finalement, M. Bianco s'est vu conforter dans sa position. Toutefois, il se voit opposer des « Observatoires de la laïcité » concurrents, qui refusent d'entrer dans son giron. Notamment dans le Val d'Oise, où la présidente Laurence Marchand-Taillade tente en particulier, avec un certain succès, de traquer toutes les réunions où Salons où des personnalités sont invitées qu'elle décrit comme proches des Frères musulmans.

Dans son rapport 2016–2017, l'Observatoire rappelle justement que « la laïcité ne peut pas répondre à tous les maux de la société ». « Pour lutter contre le repli communautaire, il ne suffit pas de convoquer la laïcité et de dénoncer les discriminations, il faut combattre celles-ci par des politiques publiques beaucoup plus vigoureuses qu'elles ne l'ont été jusqu'à présent et faire respecter l'État de droit partout sur le territoire »

Autre initiative du quinquennat Hollande, et à l'initiative du ministre de l'Éducation nationale Vincent Peillon, une « charte de la laïcité à 'école », est créée à la rentrée 2013, dont les 17 articles sont affichés dans tous les établissements scolaires publics du second degré. Il s'agit de rappeler « les règles qui permettent de vivre ensemble dans l'espace scolaire et d'aider à comprendre le sens de ces règles, à se les approprier et à les respecter ». Ce texte apparaît comme un renforcement de ce que prônait Jules Ferry dans sa lettre aux instituteurs. « La laïcité de l'école offre aux élèves les conditions pour forger leur personnalité, exercer leur libre-arbitre et faire l'apprentissage de la citoyenneté. Elles les protègent de tout prosélytisme et de toute pression qui les empêcheraient de faire leur propre choix », dit l'article 6. « La laïcité permet l'exercice de la liberté d'expression des élèves dans la limite du bon fonctionnement de l'école comme du bon développement des valeurs républicaines et du pluralisme des convictions », proclame l'article 8.

Le texte confirme bien le droit pour les élèves-citoyens de s'exprimer—« même » sur les questions religieuses !—à l'école. Néanmoins, la laïcité est présentée comme une morale supérieure, une forme de religion républicaine qui ne dirait pas son nom . . .

Des terrains perdus pour la République ?

En 2002, un groupe d'intellectuels et de professeurs, sous la direction de l'historien Georges Bensoussan, publient un livre *Les territoires publics de la République* (qui sera réédité, enrichi, en 2017), voulant démontrer, avec des témoignages d'enseignants, que l'antisémitisme, le sexisme ont gagné toute une génération d'immigrés, en particulier des banlieues, qui sont devenus de facto, selon eux, « des territoires perdus de la République ». Impossible, expliquent-ils, d'enseigner l'histoire de France, la Shoah, les valeurs de la République sans provoquer des réactions de rejet ou des ricanements. Les enfants juifs ne peuvent plus aller à l'école publique. Il y aurait une omerta sur ce sujet, rendu plus sensible par les attentats perpétrés par de jeunes immigrés ou enfants d'immigrés—tel Mohamed Merah, en 2012 à Toulouse, mais aussi ceux de 2015 et 2016.

Pourtant, le film *Les Héritiers* de Marie-Castille Mention-Schaar sorti en 2014, dont l'intrigue se déroule dans un lycée de banlieue parisienne, semble démontrer le contraire.

> Les élus de terrain, tant de droite que de gauche, sont conscients des réalités. Mais beaucoup ont peur de parler. *A fortiori* du coté des hommes politiques dont le courage n'est pas la qualité première à l'exception de quelques-uns. Comme s'ils craignaient, en parlant, de faire sauter un baril de poudre tant la situation leur parait (et ici ils ont raison) dangereuse. La France est en effet l'un des pays d'Europe parmi les plus exposés au risque de conflits internes.
>
> La peur d'être taxé de racisme joue son rôle dans la paralysie française. Et la désespérance du plus grand nombre dont la parole est d'emblée invalidée au nom d'un antiracisme dévoyé. Cette crainte va jusqu'à reprendre un discours concocté par l'adversaire sans s'interroger sur la pertinence des « mots ». Ainsi du mot « islamophobie », un terme particulièrement inepte en effet qui réintroduit en France la notion de blasphème. On peut s'opposer à la religion, qu'elle soit juive, catholique ou musulmane, sans être raciste. Le combat laïque c'est le refus qu'une religion quelle qu'elle soit prévale sur la loi civile. Ce combat difficile a finalement été gagné en France entre 1880 et 1905 », explique Georges Bensoussan.[2]

Comme en écho, plus modéré, un ancien principal de trois collèges de Marseille, Bernard Ravet, se proclame avec humour « imam de la République ». « Dans les collèges où 90% des élèves sont musulmans, de plus en plus de filles arrivent voilées, des élèves contestent la théorie de l'évolution », dit M. Bensoussan. « Quand je vois la mairie de Marseille inaugurer une mosquée d'obédience tabligh, qui a pour finalité la réislamisation de la France, je déchante ».[3]

---

2. *Le Figaro*. 14 août 2017.
3. *Le Figaro*. 31 août 2017.

De même, Elisabeth Badinter, connue comme intellectuelle—et épouse du garde des Sceaux qui a mis fin à la peine de mort, mais qui est aussi arrière-petite-fille du socialiste Édouard Vaillant, combattant de la laïcité—, estime que les militants laïcs ne doivent pas avoir peur d'être taxés « d'islamophobes ». « Il faut s'accrocher, il ne faut pas avoir peur de se faire traiter d'islamophobe, qui a été pendant pas mal d'années le stop absolu, l'interdiction de parler et presque la suspicion sur la laïcité. A partir du moment où les gens auront compris que c'est une arme contre la laïcité, peut-être qu'ils pourront laisser leur peur de côté pour dire les choses », a-t-elle déclaré le 6 janvier 2016, un an après l'attentat contre *Charlie*, à France Inter. L'islamophobie est ainsi libérée, décomplexée, sans doute que ceux qui l'excusent ne se rendent compte qu'elle nourrit, de fait, un racisme essentiellement anti-arabe, anti-maghrébin.

L'islam est une religion, il ne peut être question de racisme, rétorquent-ils. Certes, mais, comme le disait le philosophe et islamologue chrétien Louis Massignon, « l'islam est l'axe de l'arabisme, et l'arabisme est l'axe de l'islam ».

Les journées annuelles au Bourget de l'UOIF (Union des organisations juives de France), l'organisation musulmane la plus puissantes de France considérée comme proche des Frères musulmans, les « salons » et les conférences de philosophes musulmans comme Tariq Ramadan, les moindres réunions de musulmans sont scrutés à la loupe par des associations, de façon quasi obsessionnelle, assurées que ces personnes et ces lieux, attentent d'abord à la laïcité, et forment aussi des jeunes à commettre des attentats. Or, tout cela n'est nullement prouvé.

Le site d'extrême-droite « Riposte laïque » est presque totalement consacré à dénoncer ou à ridiculiser l'islam, en s'appuyant sur des faits tronqués—comme les prières de rue de la rue Myrrhe à Paris qui n'ont gêné personne et ont été interrompues dès que la mosquée attenante a été rouverte—ou inventés de toutes pièces.

Cette « déculpabilisation de l'islamophobie » a eu des échos très favorables dans les courants laïcards, de gauche comme d'extrême-droite, qui semblent opérer un bizarre rapprochement.

Entrant dans le débat, Jean-Michel Lecomte, le président de la Ligue de l'enseignement -la fameuse Ligue créée par Jean Macé, estime que « non », la laïcité ne pouvait être « islamophobe ». « L'islam et les musulmans ne réclament ni plus d'honneur, ni ne méritent plus d'indignité que les autres croyances ou les fidèles d'autres religions. Comme tous les citoyens ils sont soumis à la loi commune.

Faut-il cependant considérer, au motif qu'un certain nombre de criminels assassinent ici par haine de la liberté d'expression, de la démocratie ou ailleurs réduisent des hommes et des femmes à une soumission totalitaire par mépris pour la dignité humaine, en se prévalant d'une lecture politique insupportablement rétrograde de l'islam dont ils font la justification de leurs crimes, que les musulmans dans leur ensemble devraient être tenus pour comptables de leurs dérives ? », a-t-il dit.[4]

Le « grand remplacement » et la « soumission »

Comme il y a eu la peur de « territoires perdus de la République », il y a celle, proche, du « grand remplacement ». Cette idée, cette thèse, développé dans un ouvrage à succès *Le grand remplacement*[5] que les « colonisateurs » musulmans vont peu à peu devenir majoritaires en France, a été développée depuis 2010 par l'écrivain d'extrême-droite, anciennement socialiste, Renaud Camus. La France ne serait plus, d'ici quelques années, une nation européenne. M. Camus a été condamné pour incitation à la haine raciale en 2010 pour des propos sur les musulmans tenus lors des Assises de l'islamisation.

Si elle est combattue et même anéantie par la plupart des démographes, notamment Hervé Le Bras, qui démolit cette théorie par des chiffres et des statistiques, parle de « sinistre farce » inspirée de racisme—cette théorie reçoit le soutien, outre du Front national, de philosophes très présents dans les médias, notamment Alain Finkielkraut (de l'Académie française), ou encore Elisabeth Levy et les magazines Causeur et Valeurs actuelles.

« Le grand remplacement, le changement de peuple que seule rend possible la grande déculturation est le phénomène le plus considérable de l'histoire de France depuis des siècles, et probablement depuis toujours », dit Renaud Camus.

4. *Le Monde*. 26 janvier 2016.
5. Éditions David Reinharc, 2011.

Le journaliste Éric Zemmour assure dans le Figaro du 18 mars 2016 : « Le grand remplacement a d'abord été brocardé comme un fantasme, une peur irraisonnée », puis « une manie complotiste ». « Et si c'était tout simplement un projet ? Un objectif ? Une réalité en marche qu'on ne peut, qu'on ne veut arrêter » ?

Le site d'extrême-droite « Riposte laïque », au nom de sa conception de la laïcité est un fervent partisan de la thèse du « grand remplacement ».

Un des écrivains les plus lus de France, Michel Houellebecq, et qui lui, jouit de la bienveillance des médias—quand Camus est très rarement invité—a publié en 2015, *Soumission,*[6] un roman de politique-fiction, qui prévoit néanmoins l'élection en 2022 d'un président musulman—Mohammed Ben Abbes—, la polygamie est légalisée, certaines universités sont islamisées et privatisées . . . C'est donc, notamment, la fin de la laïcité.

Bien sûr, l'auteur se défend de tout racisme, et ne se rallie pas à la thèse du grand remplacement, même si le contenu de son roman peut sembler corroborer implicitement cette thèse. Dans un entretien au *Nouvel Observateur* (soit la veille des attentats contre *Charlie,* et quelques jours avant la sortie de son livre, qui fut retardée), M. Houellebecq affirme :

> Aujourd'hui, l'athéisme est mort, la laïcité est morte, la République est morte. [. . .} Un courant d'idées né avec le protestantisme, qui a connu son apogée au siècle des Lumières et produit la Révolution, est en train de mourir. Tout cela n'aura été qu'une parenthèse dans l'histoire humaine. Les musulmans de France sont, sur le plan sociétal plus proches de la droite, voire de l'extrême-droite. Qui, en même temps, les rejette avec violence.[7]

Si les deux approches sont différentes—quoique de mêmes présupposés et généralisations sur les musulmans apparaissent,—une même crainte d'une société islamisée, qui est ressentie, plus ou moins, par un très grand nombre de Français, habite ces deux auteurs de forte influence.

6. Paris, Flammarion, 2015.
7. *Le Nouvel Observateur*, 6 janvier 2015.

La laïcité compatible ou non avec l'intégration

La France, pays qui a cette originalité d'admettre, avec des conditions, et le droit du sol et le droit du sang, défend jusqu'ici le principe de l'intégration des populations étrangères et non leur assimilation. C'est une grande différence avec les États-Unis d'Amérique notamment, pays d'immigration, dont les populations se fondent dans *l'American way of life*. Bien sûr, elles gardent un caractère propre—New York a un immense quartier chinois, un quartier italien etc. Mais cet aspect précisément est communautariste.

La France, vieux, très vieux pays, a sa culture propre, qui s'est toujours transformée, enrichie de l'apport des étrangers. Ils ne sont plus étrangers, nos Kopa ou Zidane, nos deux meilleurs footballeurs de tous les temps, tous deux de familles étrangères, l'un polonais, l'autre algérien. Ils sont bien Français. Mais les Polonais comme les Italiens, comme plus récemment les Maliens, les Ivoiriens, les Marocains, les Algériens, les Pakistanais, les Vietnamiens, gardent volontiers leur culture ancestrale. Ils s'intègrent ; ils ne s'assimilent pas forcément.

Les Polonais, sans doute plus assimilés, tout comme les Portugais et, dans une moindre mesure, les Britanniques ont « leurs » paroisses. Ils retournent volontiers au pays où ils gardent des attaches. Les chrétiens d'Orient, chaldéens, coptes, melkites, maronites, ont tous leurs églises. Ils y parlent leur langue. Leurs homélies, leurs prières se font dans leur langue. Le fait de se retrouver, au sein de leur communauté, ne signifie pas qu'ils pratiquent le « communautarisme ».

Le mot « communauté »—au sens où l'entendait Emmanuel Mounier—est riche de partage humain. Mais aujourd'hui, la communauté est presque systématiquement combattue, au nom de la laïcité. Être « communautariste » est la suprême injure portée par un « laïcard », et signifie refuser les lois de la République, la notion de bien commun, la laïcité . . . Être communautaire ce serait s'enfermer dans une logique de clan, de refus de l'autre, et dans le rejet de la République. Or la République a toujours existé avec des communautés se respectant les unes les autres.

« La sphère privée »

La loi de 1905 ne le dit nullement ainsi, mais la tendance actuelle est de vouloir reléguer la foi à la sphère privée. S'il s'agit de toujours respecter les lois de la République, de ne pas faire de « propagande » qui ne respecterait pas les autres, la société, bien entendu.

La foi doit être cantonnée dans la sphère privée, professent à longueur d'antennes, les « laïcards » modernes. Et ils s'insurgent contre tout prétendu empiètement, ils s'indignent de ce qu"ils appellent des « accommodements raisonnables » entre des pouvoirs publics, (État, mairies essentiellement) la sphère publique et la sphère privée, c'est—à—dire le domaine religieux. Entre ces deux espaces, il y a pourtant l'espace civil. Les mairies et d'autres collectivités sont accusées de camoufler des financements publics de mosquées, de subventionner le culte, d'admettre des manifestations religieuses, accusations généralement sans fondement.

> C'est une forme de laïcité rabougrie qui dresse les Français les uns contre les autres. La laïcité est avant tout un combat rassembleur pour la liberté et l'égalité de chacun, quelle que soit sa croyance. Ce recentrage sur les fondamentaux est selon moi la seule manière de faire en sorte que ce concept soit audible pour les élèves [. . .] la religion est une affaire privée et personnelle, cela veut donc dire que l'État ne peut pas imposer une religion aux citoyens. Mais cela ne signifie pas que la religion est réduite à la sphère privée et donc qu'elle ne peut pas s'exprimer en public. Il faut la présenter comme une liberté pour tous, mais qui doit respecter la liberté de l'autre et qui a des limites, comme toute liberté. Pour l'expliquer aux enfants de 12 à 15 ans, nous comparons le rôle de l'État à celui d'un arbitre en sport. L'arbitre ne tape pas dans le ballon, il ne porte pas le maillot, mais il est là pour faire respecter les règles, même si chaque équipe a toujours l'impression qu'il favorise son adversaire explique l'un des plus spécialistes de la laïcité, le sociologue Jean Baubérot, grand spécialiste de la laïcité et ancien membre de la Commission Stasi.[8]

8. *Le Monde de l'Éducation*. 12 septembre 2015.

Tous les exemples récents : le port du foulard, le burkini, la crèche Babyloup (le licenciement d'une puéricultrice d'une crèche privée, venue travailler en foulard), la question des cantines scolaires, le refus de certaines femmes d'être soignées par des hommes, le café de Sevran où les femmes ne seraient pas admises (ce qui n'est nullement prouvé, et peut facilement de toute façon être condamné) : l'actualité fourmille d'exemples où des musulmans sont accusés d''extraire leur religion, ou ce qui est considéré comme leur religion, de la « sphère privée ».

Tout ce qui va contre l'égalité homme-femmes, tout ce qui va contre la loi doit être condamné. Mais, peu à peu, en s'appuyant sur des faits divers qui ne touchent pas à l'essence de la religion, qui sont souvent largement amplifiés par les réseaux sociaux, et au nom d'une idéologie qui a tous les attributs d'une nouvelle religion comme la France en a connue dans le passé, toute expression publique de la religion, et aussi de la foi, semble interdite.

Dans tous ces débats, il se trouve que l'extrême-droite et une gauche laïque, se revendiquant souvent du radicalisme, ont des positions et des réactions pratiquement similaires.

Population musulmane en France

La France, contrairement à l'Espagne et au Portugal, n'as pas été occupée longuement par des puissances musulmanes. Charlemagne avec Haroun al-Rachid, François 1er avec le sultan Soliman le Magnifique, n'hésitèrent pas à s'allier avec des musulmans quand leurs intérêts l'exigeaient, par exemple contre l'Espagne. Les Croisades, voulues par un pape français, Urbain V, et réalisées par des soldats et des paysans très majoritairement français, au-delà des combats, ont permis des échanges culturels, scientifiques et économiques très importants.

Si la régence d'Alger fut un des premiers pays à reconnaître la République française, si elle l'aida sur le plan financier, la France, sous le règne de Charles X, sous le prétexte de venger une humiliation diplomatique, occupa Alger en juillet 1830. Peu à peu, ce fut là la colonisation de toute l'Algérie, qui fut divisée en trois départements, Il y eut de terribles violences. Ce fut l'ère néanmoins de la cohabitation de deux religions, Et les Pères blancs, les Sœurs blanches, comme dans les années 1950, les prêtres ouvriers de Constantine, dans la mémoire de saint Augustin, sont sans doute les souvenirs préférés des Algériens. Cohabitation, mais pas de véritable dialogue interreligieux. Et le pouvoir était totalement tenu par les Européens, de religion chrétienne.

L'indépendance de l'Algérie fut vivement combattue par toute une frange, puis la grande majorité des « pieds-noirs », les Français d'Algérie (c'est-à-dire en fait tous les non-musulmans d'Algérie) pendant la guerre d'indépendance (1954–1962). Un fort ressentiment, une volonté, plus ou moins consciente, de revanche vis-à-vis des Algériens musulmans, qui ont pris leur indépendance à la France, et ont surtout combattu la République (et très souvent la gauche, qui ne les comprenaient pas—les lois Ferry leur étaient imposées, sans égard pour leur culture—), expliquent pour beaucoup la montée de l'extrême-droite, mais aussi le rejet des musulmans au-delà des Algériens et des Maghrébins.

La laïcité elle-même, fut un outil de domination coloniale, en raison du décret du 27 septembre 1907, défendu par Clemenceau, et qui permettait d'importantes dérogations à la loi de 1905, en payant coquettement des responsables d'associations cultuelles agréées par le préfet, soumises à son appréciation. Le culte musulman était « fonctionnarisé », mis sous tutelle, déplorait l'Association des Oulémas qui revendiquait une totale application du principe de laïcité.

> La loi de séparation des Églises et de l'État, et plus généralement le principe qu'elle est censée concrétiser, à savoir la laïcité, n'ont reçu qu'une application très limitée en Algérie durant la période coloniale. Ce principe a été mis au service de la domination coloniale à travers les dérogations successives auxquelles il a donné lieu. L'administration coloniale ainsi que le ministère de l'Intérieur chargé des Cultes entretinrent une fiction de l'isonomie en matière cultuelle dans l'objectif de maintenir un contrôle politique en direction du culte musulman tout en respectant formellement l'objectif de sa mission civilisatrice. Inversement, ce principe de séparation des Églises et de l'État s'est transformé en ressource politique de contestation de l'ordre colonial auprès de nombreux milieux indigènes d'obédience réformiste—explique l'historien Raberh Achi.[9]

9. *La Documentation française. Histoire de la Justice*, n° 16, 2005.

La foi, un comportement

Pour un chrétien, mais c'est tout aussi valable, sans doute avec d'autres implications, pour un juif ou un musulman, la foi, c'est d'abord un comportement. Le chrétien essaie d'imiter le comportement de Jésus-Christ dans sa vie terrestre. Ce qui est décrit dans le sermon sur la montagne (Mathieu), dans les différentes paraboles comme celle du bon Samaritain ou de la femme adultère, dans les Adieux de saint Jean sont, ou devraient être la boussole de sa vie. « Aimez-vous les uns les autres, comme je vous ai aimés ». Il n'y a rien d'autre. Comment un chrétien ne vivrait-il pas ces commandements au-delà de sa « sphère privée ». Porter une croix, faire le signe de croix, s'agenouiller pour réciter le Notre Père, ne sont pas l'essentiel pour le chrétien, même si ce sont des gestes ou des paroles d'une très grande profondeur.

Les deux personnalités françaises parmi les plus populaires, sinon les plus aimées des Français dans la seconde moitié du XXe siècle, sont l'abbé Pierre et sœur Emmanuelle, qui n'ont jamais caché leur foi chrétienne, n'ont jamais caché agir au nom de leur foi chrétienne. Cela ne les empêchait, ni l'un ni l'autre, de travailler, d'œuvrer avec quiconque voulait faire du bien, croyant ou non. Étrangement, leurs nécrologies, à l'un comme à l'autre, font pratiquement silence sur cette foi, cet engagement d'essence chrétienne, comme si cela n'avait pas d'importance, ou, pire, comme si c'était une « erreur de parcours » . . .

Le comportement chrétien est public. Ce n'est pas une pensée intellectuelle désincarnée, un aparté. C'est une façon de vivre, et les autres peuvent être témoins de cette façon de vivre, sans la juger en ce qu'elle serait d'inspiration religieuse.

La laïcité ne serait-elle pas aussi chrétienne ? Les trois évangiles synoptiques relatent cette phrase de Jésus, soumis à un piège, expliquant qu'il fallait payer l'impôt et « rendre à César ce qui est à César ». (Mt 22,21). La laïcité serait ainsi implicite dans ce texte, le Christ lui-même établissant la séparation entre son royaume « qui n'est pas de ce monde », et le pouvoir politique terrestre ? Certes, avant sa Passion, Jésus dit à Pilate. « Tu n'aurais sur moi aucun pouvoir s'il ne t'avait été donné d'en haut » (Jn. 19,11). Certes, mais il n'en demeure pas moins que le pouvoir terrestre temporel existe, et qu'il s'est imposé même au Christ, mort sur la croix.

Le « règne de Dieu » est à venir, et ne s'accomplira pas de sitôt. Pour le chrétien, l'amour fraternel et la lutte pour la justice sont les moyens de conduire à ce règne.

> On voit donc qu'il ne saurait y avoir de confusion ni conflit entre pouvoir politique et pouvoir religieux. Un État ne peut prétendre accaparer le pouvoir religieux ; une religion ne peut prétendre accaparer le pouvoir politique. Mais si les chrétiens n'ont pas à revendiquer le contrôle de la société laïque, ils ont à travailler au sein de cette société pour faire advenir le Royaume des cieux, royaume de justice et d'amour—écrit le mariste Bernard Faure.[10]

Cela fait bondir la Fédération nationale de la libre pensée ![11] « Si le christianisme est l'inventeur de la laïcité, on se pose alors la question incontournable : quand l'Église chrétienne (dans ses différentes obédiences) avait le pouvoir et qu'elle marchait sur la tête des rois, des empereurs et des peuples, pourquoi n'a-t-elle jamais mis en œuvre ce principe au cours des 1.500 ans de domination sur les peuples et les États en Europe ? », écrit l'éditorialiste dans un texte non signé. « La laïcité et la séparation des Églises et de l'État n'ont jamais été institués avec le concours de l'Église, mais toujours, dans un combat âpre et féroce contre elle ! », poursuit-il. Et d'ajouter : « Cette formule évangélistique sur Dieu et César n'est qu'une offre de service aux puissants des mondes d'hier et d'aujourd'hui. 'Partageons-nous le pouvoir', ce qui est entré dans l'Histoire comme la théorie des deux glaives en Occident et la symphonie des pouvoirs en Orient ».

La critique est très sévère, qui condamne les pouvoirs exercés dans le passé par les différentes Églises ; mais aussi le sens de l'Évangile elle-même, qui est dénaturé. En outre, il accuse les chrétiens qui utilisent cet argument d'être « xénophobes » et de vouloir montrer que si le christianisme est compatible avec la laïcité, l'islam, lui, ne le serait pas.

Le philosophe Henri Peña-Ruiz, qui fut membre de la Commission Stasi (et fut le lauréat du prix de la Laïcité décerné par le Comité Laïcité et République en septembre 2017) est plus nuancé, mais n'accepte pas

10. *Présence mariste*, n° 248, juillet 2006.
11. *Fédération nationale de la libre pensée*, 28 février 2017.

non plus cette logique d'une laïcité qui serait d'inspiration chrétienne. Il juge, lui, la cohabitation possible. « César n'est pas Marianne, et l'Église n'est pas nécessairement Dieu », écrit-il[12].

> La parabole christique sur la nécessité de rendre à César ce qui est à César et à Dieu ce qui est à Dieu prend à l'évidence une signification nouvelle lorsque Marianne prend la place de César, et Dieu celle des séides un peu trop zélés qui invoquent le ciel, mais pensent le plus souvent à la terre. La philosophie de la Laïcité qui s'esquisse ainsi entend faire appel de l'injustice faite à l'État républicain quand il est confondu avec l'État de domination traditionnel [...] Dieu et Marianne, délivrés de leurs caricatures, et mutuellement libérés de leur instrumentalisation réciproque devraient pouvoir s'accorder sur les termes d'une séparation qui les installe chacun dans son ordre propre, permettant à l'un et à l'autre de s'affirmer librement sans conflits de territoire. Hugo : « je veux l'Église chez elle, et l'État chez lui » (1851, Discours contre la loi Falloux). Dieu et Marianne, ainsi affranchis l'un de l'autre, n'ont pas à se faire alliés ou ennemis, car ils relèvent de registres rigoureusement distincts. Libération réciproque grâce à la séparation laïque.

La Laïcité, une compétence de l'État, non du citoyen

La crispation de la question laïque a donné lieu, depuis 1989, à une inversion des rôles. La laïcité est l'apanage, la compétence de l'État, garant de la liberté religieuse et de l'application de la loi de séparation. Or, cela devient comme un concours entre citoyens. La laïcité n'est plus régulatrice des relations États-religion, mais une rivale de la religion. C'est à l'État d'être laïque, non aux citoyens !

La loi de 2004 « a créé la laïcité comme compétence des citoyens (et de groupes de citoyens du coup) : il y a des comportements laïques et subséquemment, des citoyens contrevenants à la laïcité. La nouvelle laïcité a des commandements : les citoyens doivent réserver la religion à l'entre soi et à l'espace privé et faire semblant d'être athée dans l'espace public. Nous avons accepté cette inversion du champ

12. *Revue Cités*, n° 18. 2004.

d'application de la laïcité et cette inversion a maintenant l'air d'être définitivement actée », explique Aurélien Péréol.[13]

> En édictant des commandements au nom de la laïcité, l'État "laïque" français se place, non en arbitre, mais en concurrent des religions. Tout comme elles, il demande une confiance, (une foi), une adhésion à la laïcité, elle ne vient plus vers vous, c'est fini, vous devez aller vers elle ; et certains comportements sont interdits. L'idée de la supériorité de la loi sur la société amenait l'idée que les religions allaient s'y faire et c'est le contraire qui s'est passé. Les religions se rendent le plus visibles possible, se mêlent de tout et occupent la plus grande part du débat public. Ce résultat était prévisible : augmentation des tensions, en intensité et en nombre d'objets (de pommes de discorde) concernant la "laïcité". Les menus des cantines se sont mis à faire problème. Les crèches de Noël sont entrées dans ce débat en 2014. Les prêtres vont remettre des soutanes, nous allons le voir bientôt—ajoute-t-il.

Avec des mots différents, le grand sociologue et historien Émile Poulat, exprime la même inquiétude. Pour lui, l'espace n'est pas « neutre » de convictions.

> Les acteurs de la laïcité peuvent faire valoir leurs convictions et divergences dans l'espace pour tous qu'est la laïcité », dit-il dans un ouvrage paru peu avant sa disparition (40). Elle est aussi en ce sens un lieu de communication » [. . .] La laïcité n'est pas la privatisation de la foi mais la publicisation du culte. Je veux dire par là que la laïcité concerne le culte public et non le culte privé.[14]

Du fait de son histoire, la France a donné des noms de saints, ou de personnes religieuses à de très nombreuses villes et localités, à de très nombreux établissements—y compris publics—comme des hôpitaux—les hôpitaux Saint-Louis ou saint Vincent de Paul à Paris, par exemple. C'est un phénomène bien plus important que dans la plupart des autres pays européens.

---

13. *Agoravox*, 14 décembre 2016.
14. Émile Poulat. *Notre laïcité ou les religions dans l'espace public. Entretiens avec Olivier Bobineau et Bernadette Sauvaget,* Paris, Desclée de Brouwer, 2014.

Depuis une dizaine d'années, des actions en justice sont lancées pour supprimer le tintement des cloches, ou les statues de la Vierge dans les lieux publics, et même les calvaires (un calvaire a dû être retiré du village de Saint-Eutrope dans le sud-ouest en 2011).

Dans la petite ville de Publier, près de Grenoble, début 2017, une statue de la Vierge a été retirée d'un parc communal, après cinq ans de procédure juridique intentée par la Libre Pensée et le Parti socialiste. De même, en octobre 2017, la justice a ordonné de retirer la croix surplombant une statue de Jean-Paul II dans la commune bretonne de Ploërmel.

En revanche, des « rues de la laïcité » se sont multipliées depuis quelques années. Il y en a notamment à Auxerre, Montpellier, Guéret, Marmande. « Un square de la laïcité » a été inauguré en 2011 dans la commune d'Espéraza, dans le sud-est . . ..

Si la laïcité est une « spécificité française », estime 'ancien ministre communiste Anicet Le Pors, elle doit acquérir « une valeur universelle ».[15]

Briser le tabou

La loi de 1905 a voulu réguler les relations Église-État, assurer la liberté de conscience tout en contenant la prédominance catholique. Elle était nécessaire. Même si l'Église catholique l'a un temps, ô pas longtemps, et en raison sans doute de l'esprit réactionnaire d'un pape, refusée. Depuis bien longtemps, elle l'a acceptée. Toutes les autres Églises l'admettent. Les israélites l'ont toujours appréciée. Les responsables du culte musulman y voient un outil de reconnaissance et d'intégration.

C'est la citoyenneté, la façon de vivre ensemble des Français, et d'accueillir leurs hôtes, leurs étrangers, qui sont en jeu.

Depuis 1989, un souffle de laïcisme, et de rejet du fait religieux, et dans le même temps de l'immigration musulmane, font souffrir notre communauté nationale. Chacun cherche des boucs-émissaires. Pour les uns, c'est la religion en elle-même. Nous aurons du mal à les amener à considérer les choses autrement . . ..

15. *Le Monde*, 13 décembre 2013.

Pour d'autres, c'est l'islam seulement.

Ils voient dans les attentats qui nous ont endeuillés, à Paris et à Nice, ou à Saint-Étienne du Rouvray, qui ont endeuillé Londres, Bruxelles, Madrid et d'autres villes, la conséquence de cette « islamisation » qu'ils dénoncent depuis 1989. Les auteurs de ces actes criminels et monstrueux ont été embrigadés par des imams salafistes. Ils auraient fait une interprétation « à la lettre » du Coran. Ils oublient au moins deux choses. L'État islamique, celui qui commandite les attentats, est né en Irak, est l'avatar d'al-Qaïda en Irak, qui a été créé, et c'était alors inévitable, quand Bush et Blair ont décidé d'attaquer l'Irak en mars 2003, pour la guerre la plus effroyable de ce début de siècle. La responsabilité occidentale est immense, en jetant dans les bras de criminels, des populations ruinées, démunies, fragilisées.

Ce qu'ils oublient aussi, c'est que le Coran n'appelle dans aucune de ses sourates, aucun de ses versets à tuer aveuglément. Ils oublient aussi que le « Dieu clément et miséricordieux » que prient les musulmans, a dicté aux fidèles un comportement de générosité, leur a recommandé l'aumône et non le meurtre aveugle. Comment ces criminels qui, dans quasiment tous les cas, commettent des vols, du trafic de drogue, se droguent—toutes choses bien évidemment « haram », *puisque le débat sur le* « haram » et le « halal » prend de l'ampleur—pourraient-ils être considérés comme musulmans ? Comment représenteraient-ils l'islam ?

Aux uns, aux antireligieux, et aux autres, aux islamophobes, il faut parler. A tous, il faut parler. Les chrétiens doivent prendre l'initiative de parler plus haut, plus juste pour faire cesser ce que beaucoup veulent transformer en une nouvelle guerre de religion.

Chapitre VI
La laïcité comme motif d'unité

La République, c'est nous. Alors vivre la laïcité commence non pas par les organes de l'État, mais avec chaque citoyen. Vivre ensemble n'est pas assez : nous devons encore, comme à chaque époque, construire une société sur des fondements autres qu'une simple tolérance, trop facilement outrepassée dans des moments de crise. La fraternité, ou la solidarité (terme plus moderne), est une relation entre citoyens fondée sur le respect d'autrui. Or l'actuel dialogue entre Français est coloré par des insultes et injures trop facilement lancées sur les plateformes sociales.

Comment respecter mes concitoyens, et comment me faire respecter ?

En ce qui concerne la laïcité vécue, ça commence par une reconnaissance de sa propre religion, telle que nous l'avons définie : s'interroger sur les questions ultimes de la vie humaine, et non seulement y répondre, mais comprendre que cette interrogation dure toute une vie. Vivre la laïcité pleinement demande une certaine sagesse, celle de savoir que tout le monde a besoin de ce travail intime, que ce labeur ne finit jamais (pas de réponse ultime, définitive), et que sa propre interrogation se poursuit dans tous les aspects importants de la vie. Il y a des questions morales à résoudre en dehors de ce qu'interdit la loi. Il y a des questions de mœurs en famille, au travail, et pour les loisirs. Il y a « le vivre république », prendre ses responsabilités civiques. Et puisqu'une des valeurs fondamentales est la solidarité (« la fraternité »), comment devenir et rester solidaire avec autrui tout en restant fidèle à soi-même.

On n'a pas besoin d'agréer la pensée d'Emmanuel Levinas pour admettre la justesse de son idée centrale : le visage d'autrui est d'abord un témoin de sa vulnérabilité, et donc de la nôtre. Autrement dit, je ne puis survivre sans les autres, ni eux sans moi. Voici le fondement et de communautés de foi, et d'une éthique républicaine. Et puisque nous sommes tous réceptifs aux questions ultimes et à tout l'appareillage culturel qu'est la religion dans son vécu, la liberté de religion doit être accordée non seulement par la Constitution mais par tous les citoyens aux autres citoyens.

Passons de ces réflexions d'ordre philosophique aux questions pratiques. Il y a des limites à la liberté de religion. Qui dit « foi », « croyance », « droit de culte », doit également reconnaître les limites de l'exercice de cette conviction, confiance, adoration. On ne peut admettre que des communautés cultuelles appellent à l'abrogation de la liberté de conscience de ceux qui ne partagent leur perspective. Autrement dit, il est normal d'interdire des appels à l'instauration de lois qui reposent uniquement sur cette foi particulière. Donc, l'État est absolument dans ses droits d'interdire des communautés avec leurs prédicateurs qui exigent une quelconque théocratie en France. Également, les fraudeurs et les sectes qu'ils fondent afin de s'enrichir doivent être interdits. Nul doute que la justice de la République s'applique au fait religieux.

Mais cette même justice ne saurait s'arroger le droit de juger la substance d'une « bonne » ou d'une « mauvaise » religion. On peut imaginer l'arrivée d'une nouvelle croyance, telle l'apparition récente de « Falun gong » en Chine, qui se répand parmi les Français, mais qui ne présente aucun aspect de fraude ou d'incitation à la violence. Alors l'État ne pourrait se prononcer sur ce phénomène. Il est évident que la laïcité lui interdit aussi une éventuelle instauration de cette religion comme « la » religion officielle de la France.

Mais notre pays n'est pas en état de vivre la laïcité. Il y a plusieurs obstacles. Par exemple, on ne peut savoir combien il y a d'adhérents des différentes religions, y compris l'athéisme, car cette question n'est pas admise dans les recensements de la population, à cause d'une prétendue laïcité. Sans avoir des statistiques fiables officielles, comment prendre des décisions intelligentes concernant la vie des religions en France ? Le fait religieux est aussi très mal enseigné dans les écoles républicaines. Combien de fois l'un de nous a dû expliquer ce qu'est un évêque ! Et pourtant, l'influence de certains évêques dans l'histoire du pays n'est pas anodine.

Une France multireligieuse

D'un autre côté, certains veulent prétendre que la France est à la base chrétienne, et qu'il faut donner la main haute au christianisme. Mais il faut reconnaître que c'est un leurre. La France, « une nation, pas une race », est multireligieuse, multiconfessionnelle et multiculturelle, et ceci n'a rien d'une nouveauté.

La politique des différents gouvernements de la Ve République a été assez constante. Elle a consisté à maintenir une neutralité de l'État, y compris dans les espaces qui lui appartiennent. Mais l'application de cette neutralité est exactement le combisme : faire semblant que la religion n'est qu'une affaire de vie privée, comme si elle était une préférence de marque de voiture. Au contraire : la religion, telle que nous l'avons définie, ne peut s'empêcher à la longue de s'exprimer en public. Cette expression—protégée comme elle est par le droit—doit prendre en compte le respect de liberté de conscience que chaque citoyen doit accorder aux autres. Elle s'exprime dans les innombrables discussions et débats informels et formels sur des questions de promulgation de lois, de mœurs et d'autres questions d'ordre moral (de conduite de nos armées par exemple), sans oublier les limites non plus qui s'imposent à l'expression publique d'une religion ou d'une autre. La première limite c'est la proscription du prosélytisme—la manipulation malveillante de personnes afin d'effectuer des conversions.

Requérir une prétendue neutralité, c'est *de facto* établir une seule religion : l'athéisme. Voici la racine de tous les intégrismes qui nous narguent, qui déstabilisent la vie politique du pays. Si l'État peut imposer l'athéisme par défaut, pourquoi ne pas imposer « notre » religion ? Ou alors on peut tolérer une diversité de religions, pourvu que « la nôtre, la seule vraie » soit celle qui gouverne. Voici une deuxième limite de la laïcité : préconiser un tel changement de la Constitution—ou son anéantissement *in fine*—ne saurait être toléré, ni par le droit de conscience, ni le droit à l'expression libre. Il n'existe aucun droit de détruire la structure même qui garantit les droits humains de ses prétendus destructeurs.

Ceci laisse quand même aux personnes religieuses—c'est-à-dire toutes celles qui sont conscientes des enjeux de la vie humaine—de pouvoir, sinon devoir, s'exprimer sur des questions morales.

Comment conclure que tel ou tel développement est bon, est valable, sans débats ? Et des débats sans pôles d'opposition ne sont point des débats. S'opposer au mariage pour tous, pour prendre un exemple, ou le soutenir, sont des points de vue absolument valables en ce qui concerne l'application de la laïcité : l'expression publique de la religion.

Ce n'est pas nouveau : le phénomène de dénonciation de quelconques idées ou paroles en termes moraux. Autrefois on attaquait ses opposants comme étant hérétiques, antipatriotiques, défaitistes, etc. Aujourd'hui, les termes comme « raciste », « homophobe », « islamiste », « fondamentaliste », sont détournés loin de leurs sens réels afin de faire taire un opposant. Il en est ainsi avec des débats entre adhérents de religions différentes, où un sarcasme débridé accueille l'autre : « déboussolé religieux », « athée sans conscience », etc.

Ici aussi la stratégie d'une neutralité de l'État peut être manipulée. Le racisme, le sexisme, l'homophobie, l'antisémitisme, etc., sont réprimés par la loi, mais il est difficile de les débusquer directement. Mais les insultes sont facilement comprises, et peuvent et doivent être jugées. Pourtant il ne va pas de soi qu'une opposition au mariage pour tous les couples soit de fait homophobe, par exemple. (Nous les auteurs le soutenons, en fait.) Alors faire passer devant les tribunaux devient une tactique politique, une déviation en faisant appel à la justice. Cette tactique est omniprésente, droite, centre, gauche compris. L'État qui se dit « laïque » doit être sage en appliquant ses lois. Le « politiquement correct », appliqué aux rhétoriques de gauche et de droite, a souvent l'effet pervers de réhabiliter les mots et comportements proscrits.

La mauvaise stratégie de renforcement de la neutralité de l'État ne devrait être respectée que par les gouvernants et les fonctionnaires eux-mêmes. Il n'y a guère de Français qui voudraient que le président de la République termine ses discours avec un vaillant « Et que Dieu bénisse la France ! », à l'américaine. Traiter tous les citoyen/nes avec respect, quelles que soient leurs religions, est primordial, en commençant par les forces de l'ordre.

Une laïcité active, protectrice de l'expression de la religion, est aussi garante d'une société de débats républicains sains. Elle est l'expression de liberté et d'égalité, en incitant les citoyens à vivre une solidarité qui permet à tous le droit de croire, le droit de s'exprimer, tout en permettant à autrui les mêmes droits. Cette laïcité est un idéal, certes, mais elle n'est pas un espoir illusoire. La France peut et doit mieux faire.

Redécouvrir la laïcité

Dans les pages précédentes, nous avons constaté que le principe de laïcité a été souvent un prétexte pour l'ascendance d'un athéisme agressivement anti-religion, alors que l'athéisme lui-même est une religion. Une stricte neutralité de l'État, y compris de ses espaces publics (écoles, etc.), ne pourra nullement enrayer les guerres ou « gué-guerres » de religions.

Appliquer et défendre la liberté de religion en toutes circonstances est une bien meilleure norme que d'essayer de défendre une prétendue neutralité étatique. Il y a des limites à cette liberté, bien sûr, et nous en avons déjà évoqué certaines. Donc l'État doit faire respecter ces limites, en restant neutre quant aux qualités de la religion en question, mais en intervenant quand même dans les situations où ces limites sont outrepassées.

Il faut alors faire la distinction entre les violations de la loi ou atteintes à l'ordre public par des adeptes d'une certaine religion (y compris les athées), et les agissements qui semblent enfreindre les us et coutumes français. Alors que le premier cas relève clairement d'une question juridique (l'interdiction de la scientologie, par exemple), le deuxième est beaucoup plus flou. En général, il est question de gestes qui choquent ou au moins, qui attirent l'attention publique, et qui ne sont pas censés être « français ». Ce sont les sujets qui fâchent : port de « signes ostentatoires » tels que la kippa, l'hijab, la soutane, ou une grande croix, pour n'en citer que quelques-uns. Or, la justice et le Parlement peuvent et doivent s'adresser aux violations de l'ordre public. Ce sont par contre des institutions qui n'ont pour vocation de défendre les coutumes en vigueur de la France.

Voilà pourquoi la question du port de foulard dans les écoles, et plus généralement, des « signes ostentatoires » ne relève pas de lois ou règlements. L'école républicaine doit être neutre vis-à-vis des religions de ses élèves, certes. Mais ce n'est pas pour autant que l'on traite ces mêmes enfants comme des bleus au camp d'entrainement militaire, tous en tenue. Une diversité est inévitable, non seulement à travers la métropole et les Outremer, mais une certaine diversité est nécessaire pour l'épanouissement des élèves. Si la France est une nation et non pas une race, comme on nous le répète à juste titre, apprendre à vivre en solidarité avec des personnes différentes de soi-même est une pierre d'angle d'une bonne éducation citoyenne.

La question de l'Islam en France, déjà évoquée, demande une action concertée sur plusieurs fronts. D'abord, par les musulmans français, qui doivent se doter de moyens de se mettre d'accord pour une harmonie publique entre sunnites, chiites, et soufis. Le gouvernement doit les aider. Une estimation qui semble raisonnable est que 75% des imams en France n'ont aucune formation formelle dans leur religion. Ceci est dû en partie à l'anti-hiérarchisme des sunnites, largement majoritaires. Comme les chrétiens pentecôtistes ou évangéliques, qui peuvent monter des congrégations de croyants avec un espace disponible et une Bible, n'importe quel homme sunnite peut fonder une salle de prière qu'il appellera « mosquée » avec une copie du Coran et un espace tapissé. Dans les deux cas, si à la longue ils ont des membres, ces rassemblements peuvent demander le statut d'association cultuelle loi 1905.

D'où l'idée d'un institut privé mais sous contrat d'État qui délivrerait un diplôme en études coraniques. Ce qui est certain c'est que la recherche d'un Islam de France, qui vit sereinement avec la République en jouissant d'une laïcité—expression publique de la religion—est urgente.

Un cursus d'études de religion dans l'école républicaine s'impose. Il est impossible de vivre sa citoyenneté dans l'ignorance des religions, y compris l'athéisme. On a remarqué déjà combien de personnes ignorent ce qu'est qu'un évêque, ce qui est désolant, ne serait-ce que du point de vue de la connaissance de l'histoire de France. Beaucoup plus important encore est l'apprentissage de vivre avec la diversité religieuse de notre pays, pas comme un fait exceptionnel qu'une laïcité combiste ou une théocratie doit réprimer, mais comme un phénomène naturel humain. Ici l'étude de la philosophie pourrait apporter une aide précieuse, ainsi que la discipline de l'anthropologie de la religion. Nos instituteurs/ices sont des professionnels et peuvent très bien enseigner cette matière de façon basique sans prosélytisme, ambition de convertir, ou dénigrement d'une religion ou d'une autre.

Le visage d'autrui humanise

Il y aura toujours des sensibilités particulières à respecter, mais aussi des idées reçues. Depuis le dix-neuvième siècle en France, se couvrir ou dissimuler son visage est quasiment interdit, à part la voilette qui tombe joliment d'un chapeau sur une moitié ou plus du visage d'une femme. Elle le laisse entrapercevoir, moyen de séduction ou alors, de discrétion endeuillée. Mais, tout de même, on arrive à reconnaître la personne qui la porte.

Le règlement concernant les photos d'identité de passeport ou autre est formel : on ne doit pas avoir des signes d'une quelconque appartenance ; pas d'uniforme militaire, tenue de religieuse, kippa, etc. Qui plus est, on ne doit pas sourire, et si des lunettes font des reflets obscurcissant la moindre partie du visage, il faut les enlever. Donc avoir le visage à découvert est très important. Nous avons déjà évoqué l'idée-clef de Levinas, le visage d'autrui qui humanise. Alors le dissimuler déshumanise l'autre.

On peut bien sûr voir la chose différemment. Néanmoins, le port d'un quelconque vêtement qui dissimule le visage est interdit depuis 2011. Le haro des féministes—notamment américaines—sur une prétendue atteinte à la liberté d'expression est déplacé : la solidarité à la française empêche l'acceptation de tels vêtements portés en public, pour les hommes aussi bien que pour les femmes. Ce n'est pas une question de répression d'une minorité religieuse que d'interdire le port de la burqa ou niqab. Aucune religion n'exige la dissimulation du visage : c'est une coutume culturelle, comme la polygamie, également interdite. Si une femme tient à cacher son corps, y compris ses cheveux, des regards des autres, elle peut toujours porter le tchador iranien, qui cache tout sauf le visage. Et ceci en toute liberté . . .

L'affaire du « burkini » est différente, car ce maillot de bain récemment inventé laisse le visage découvert. Il n'y pas raison de l'interdire sur nos plages. Par contre, l'origine du scandale causé par cette nouveauté semble être une rixe sur une plage de Corse, qui n'avait rien à voir avec le costume mais avec un prétendu droit de réserver une partie de la plage publique pour que les musulmanes puissent se baigner hors des regards des non-musulmans. Cette idée paraît semblable aux parents d'écoliers musulmans qui exigent que les filles et les garçons se baignent séparément dans les piscines de leurs écoles. Mais sans violences, bien entendu ! Une femme en burkini a absolument le droit de se baigner à la plage, mais nul ne peut exiger une aire séparée où elle peut se baigner hors de la vue de ceux qui ne partagent pas sa confession.

Ces quelques exemples démontrent les âpres questions auxquelles la laïcité doit faire face. Quelles sont les différentes solutions ? Il devrait être évident que la question n'a que deux réponses de base : soit nous sommes des citoyens libres et égaux, et maintenir cette liberté exige une solidarité basique ; soit alors nous passons la main à des chefs forts qui sauront faire imposer à leur guise un ordre social rapetissé. L'histoire de l'humanité est jonchée d'énormes souffrances causées par de tels chefs. Sans liberté, on est soit leurs esclaves, soit eux-mêmes.

Ce qui nous a poussé à écrire ce livre est bien sûr notre amour de notre pays, la France, pour laquelle nos aïeux se sont battus. Leur combat pour une République digne de ce nom—libre !—est maintenant le nôtre. Notre foi chrétienne nous enseigne que « la gloire de Dieu c'est l'homme pleinement en vie » (Irénée de Lyon). C'est-à-dire des femmes et des hommes libres, égaux, et solidaires, qui cherchent à vivre pleinement aussi bien qu'ils le peuvent.

Car « être libre, ce n'est pas pouvoir faire ce que l'on veut, mais c'est vouloir ce que l'on peut. » (Jean-Paul Sartre).

Chronologie de la laïcité en France

---

498 :	Le roi des Francs Clovis se convertit au christianisme (il était adepte de la religion nordique du dieu Odin).
1094 :	Le roi Philippe 1er excommunié par le pape français Urbain II
1438 :	Charles VII publie la Sanction de Bourges
1516 :	Concordat de Bologne.
1598 :	Édit de Nantes (d'Henri IV) accordant une liberté (limitée) aux protestants
1682 :	Déclaration des quatre articles
1685 :	Révocation de l'édit de Nantes par Louis XIV
1788 :	Les protestants accèdent à l'état-civil
1789 :	Aux états-généraux, le clergé se joint à la noblesse et au Tiers-état dans une « assemblée nationale ».
1790 :	Constitution civile du clergé. Vente des biens de l'Église.
1792 :	Proclamation de la République. Calendrier républicain avec des décades et non des semaines, donc sans dimanche. Les paroisses dessaisies de l'état-civil au profit des mairies.
1795 :	Décret de séparation de l'Église et de l'État.
1801 :	Concordat (appliqué en 1802 aux protestants et en 1808 aux israélites).
1871 :	Apparition du terme «laïcité» dans le dictionnaire Littré.

1882–1883 :	Les lois Ferry instituant une école publique laïque.
1901 :	Loi sur les associations. Expulsion des Congrégations.
1903 :	Arrivée au pouvoir d'Émile Combes qui veut une loi de séparation.
1904 :	Rupture des relations entre la France et le Saint-Siège.
1905 :	Loi de séparation des Églises et de l'État basée sur le rapport d'Aristide Briand (complétée par de nouvelles lois en 1907). L'Alsace-Moselle, alors occupée par l'Allemagne n'est pas concernée. Le pape Pie X la condamne en 1906.
1921 :	Rétablissement des relations diplomatiques avec le Saint-Siège.
1924 :	Pie XI reconnait les associations diocésaines. C'est l'apaisement.
1946 :	La Constitution de la IVe République définit la France comme «indivisible, laïque, démocratique et sociale».
1959 :	Loi Debré créant les écoles privées sous contrat, y compris religieuses.
1989 :	Affaire du foulard de Creil.
2003 :	Création du Conseil français du Culte musulman (CFCM).
2004 :	Loi interdisant les signes religieux «ostentatoires» au collège et dans les lycées publics.
2010 :	Loi interdisant le voile intégral (burqa, niqab . . .) pour raison de sécurité.
2012 :	Attentats de Mohamed Merah.
2013 :	Établissement d'une charte de la laïcité, affichée dans les écoles. Lancement de l'Observatoire de la laïcité.
2015 :	Attentats contre Charlie Hebdo, l'Hypercasher (en janvier) ; le Bataclan et le Stade de France.
2016 :	Attentat de Nice ; meurtre du père Jacques Hamel, St-Étienne de Rouvray.

Table des matières

CPSIA information can be obtained
at www.ICGtesting.com
Printed in the USA
FSHW011917011119
63547FS

9 781925 438277